Fliesen selbst verlegen

Reinhold Auth

Fliesen
selbst verlegen

Inhalt

Werkzeuge zum Fliesenlegen

Um Fliesen fachgerecht verlegen zu können, brauchen Sie vor allem die unten angeführten Werkzeuge, die im Baumarkt und Fachhandel erhältlich sind.

Viereckkelle klein (Berner Putzkelle)
Viereckkelle groß
Fliesenlochzange
Rabitzzange
Fliesenbrechzange
Fliesenschneider (Glasschneider)
Zahnglätter
Zahnspachtel
Fliesenansetzecken
Fliesenlochhammer
Fugbrett
Maurerschnur
Fliesenkeile
Fliesenecken
Moosgummiwischer
Fliesenschneidemaschine
Fliesenkreisschneider
Fliesenlochboy
Schwamm
Schwammbrett
Waschboy
Kartuschenpistole
Wasserwaage
Bohrmaschine (min. 850 W)
Rührkorb
Einhandwinkelschleifer mit Diamantscheibe
Zollstock
Winkel

Werkzeuge

Lochen von Wandfliesen mit Lochboy und Fliesenspitzhammer

Fliesenschneider mit integriertem Kreisschneider
(nur für Wandfliesen)

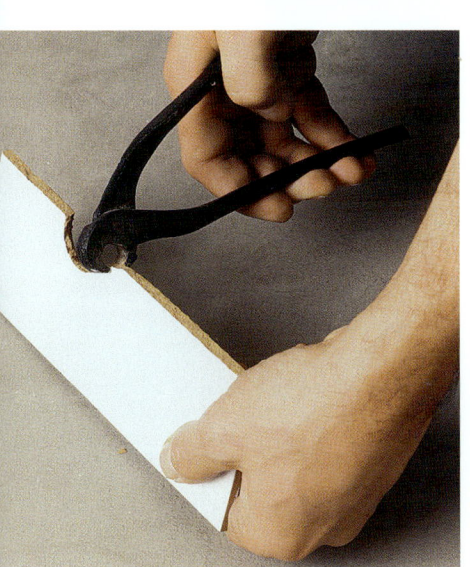

Auskneifen mit der Papageienzange

Richtige Werkzeuge erleichtern die Arbeiten und sind die Vorausset-zung für gute Ergebnisse. Welche Werkzeuge eingesetzt werden können, sehen Sie in den folgen-den Abbildungen (Seite 7 bis 9). Bei Ihrer Werkzeugauswahl sollten Sie Sorgfalt walten lassen. Kaufen Sie Qualitätswerkzeuge zu vernünf-tigem Preis, denn nur mit gutem Werkzeug erzielen Sie auch gute Arbeitsergebnisse.

Kellen und Glätter sollten Sie nur in rostfreier Ausführung erwerben. Bei der Verarbeitung von Disper-sionsklebern sind sie sowieso vor-geschrieben, bei anderen Materia-lien vermindern sie unerwünschte Fehlerquellen. Normaler Werk-zeugstahl rostet. So können un-versehens Rostpartikel z. B. im Fugmaterial eingebunden werden. Der Fliesen-Lochboy dient zur Her-stellung von Löchern in Wandflie-sen. Die Fliese wird fest in den Lochboy (Glasur zur Öffnung) ein-

gespannt. Die Löcher werden dann mit einem Fliesenspitzham-mer von der Glasurseite her vor-sichtig eingeschlagen.

Lochboy und Fliesenkreisschnei-der sind nur für Wandfliesen ge-eignet. Löcher in Bodenfliesen lassen sich nur mit Bohrkronen anfertigen.

Die weitere Bearbeitung der Löcher erfolgt mit Fliesenloch-zange (Papageienzange) und Rabitzzange. Achten Sie schon beim Kauf von Rabitzzangen und Fliesenlochzangen auf Leichtgän-gigkeit, denn Schwergängigkeit lässt sich meistens später nicht mehr beheben. Arbeiten Sie mit beiden Zangen vorsichtig, da die Bruchgefahr besonders groß ist. Grundsätzlich wird nicht geknif-fen, sondern gebrochen. Sie set-zen die Zange mit einer Ecke und leichtem Druck auf der Glasur-seite an und brechen das Fliesen-stück nach unten weg.

Schneiden von Bodenfliesen

Achten Sie beim Kauf eines Flie-
senschneiders auf eine feste,
ebene Auflage, die ein Verrut-
schen der Fliesen verhindert. Ein
Anschlagwinkel zur Einstellung
der zu schneidenden Maße sollte
vorhanden sein. So lassen sich
mehrere Fliesenstreifen gleicher
Breite problemlos schneiden.
Die abgebildete Fliesenschneidemaschine verfügt zusätzlich über
einen Kreisschneider. Wie groß
die Fliesenschneidemaschine letzt-
lich sein muss, hängt von der Fliesengröße und der Verlegeart ab

(Beispiel: Eine 30 x 30 cm Fliese
hat ein Diagonalmaß von ca.
43 cm!). Bei Diagonalverlegung
einer solchen Fliese müsste die
Maschine eine Schneidelänge von
mindestens 43 cm haben.
Mit Fliesenschneidegeräten sollten Sie sorgfältig umgehen. Die
Hartmetallrädchen sind besonders
empfindlich. Der Druck während
des Schneidens muss gleichmäßig
stark sein. Wie stark, müssen Sie
durch Versuche herausfinden, da
die Oberflächen der verschiedenen
Fliesenarten unterschiedlich hart
sind. Vermeiden Sie, an derselben
Stelle mehrfach zu schneiden, die
Fliesenschnittkante wird unsauber
und das Schneiderädchen beschädigt. Elektrische Fliesenschneider
sind nur notwendig, wenn Sie mit
sehr hart gebrannten Fliesen
oder mit Natursteinen arbeiten.

Fliesenlegerecken oder Fliesenansetzecken (vom Fliesenleger auch
Hexe oder Fliesenhexe genannt)
sind ein Hilfsmittel, mit dem eine
gerade Linie angezeigt und ein-
gehalten werden kann. Die beiden Ecken werden mit straff ein-
gespanntem Gummi auf die
äußeren Fliesen gesetzt. Entlang
dem Gummi werden dann die
Fliesen verlegt.
Achten Sie jedoch darauf, dass
die Schnur frei ist, also nicht auf
den Fliesen aufliegt. Bei längeren
Strecken (ab ca. 3 m) kann die
Gummischnur durchhängen.
Achten Sie darauf und kontrollieren Sie, dass die Schnur überall
den gleichen Abstand hat.

Für der Kauf von Wasserwaagen folgender Hinweis: Greifen Sie nicht zu Holzwasserwaagen, denn sie sind besonders empfindlich gegen Feuchtigkeit. Überprüfen Sie die ausgewählte Wasserwaage bereits im Geschäft.

Nehmen Sie hierfür zwei gleiche Geldstücke und legen Sie diese so, dass die Wasserwaage jeweils mit einem Endpunkt aufliegt. Sehen Sie sich genau die Libelle an. Dann drehen Sie die Wasserwaage der Länge nach um 180°. Die Libelle muss wieder dasselbe Ergebnis anzeigen, falls nicht, probieren Sie eine andere Wasserwaage aus. Die ideale Länge einer Wasserwaage liegt zwischen 60 cm und 100 cm. Größere Strecken lassen sich mit Wasserwaage und Richtlatte loten oder auswiegen.

Fliesenkleber und andere pulverförmige Stoffe lassen sich am besten mit einer Bohrmaschine anrühren. Bei der Auswahl der Bohrmaschine gilt es, auf ausreichende Leistung (mindestens 850 Watt) zu achten.

Im Übrigen sind Bohrmaschinen nur für einen kurzzeitigen Einsatz geeignet. Für größere Vorhaben ist ein Rührwerk besser. Bohrhämmer sind nicht geeignet. Rührquirl und Kreisschneider langsam laufen lassen, sonst spritzt es oder die Hartmetallspitze des Kreisschneiders bricht ab. Kreislochschneider eignen sich nur für Stein- und Irdengutfliesen.

Winkelschleifer sind ideal für Ausschnitte im Randbereich. Kabeltrommeln oder Verlängerungskabel, die Sie hier einsetzen, immer vollständig abrollen, sonst kann es zu Überhitzung des Kabels kommen. Schneidearbeiten sollten Sie immer im Freien ausführen, damit der Funkenflug keine Schäden anrichtet.

Nun noch ein Wort zum Zollstock. Mindestens einen guten Zollstock sollten Sie zur Hand haben. Wichtig ist, dass er die Zahlenskala auf beiden gegenüberliegenden Seiten hat. Sie müssen ebenso rechts wie links ohne Probleme messen können. Außerdem sollten die Scharniere den Zollstock auch im ausgeklappten Zustand richtungsstabil halten. Das Messen und Übertragen der Maße auf Fliesenschneider oder Fliese sollte immer mit demselben Zollstock erfolgen. So vermeiden Sie Maßungenauigkeiten.

Die hier vorgestellten Werkzeuge erhalten Sie in jedem gut sortierten Baumarkt oder Fachgeschäft. Bei hochwertigen oder teureren Geräten kann Ausleihen durchaus sinnvoll sein, insbesondere, wenn Sie Geräte nur für einen einmaligen Gebrauch benötigen.

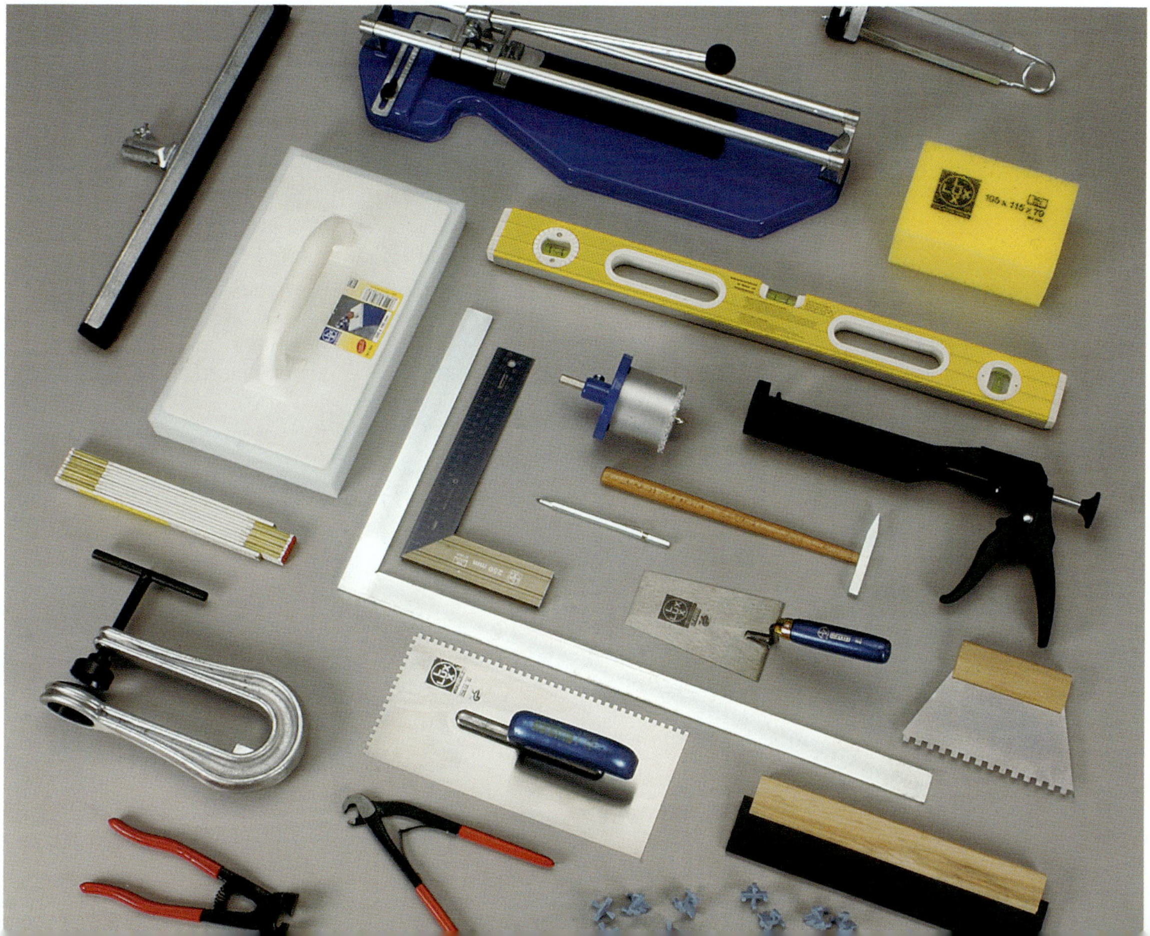

Der Untergrund und die Materialauswahl

Anforderungen an den Untergrund

Obwohl von vielen Heimwerkern als lästig empfunden, ist die Vorbehandlung des Untergrunds ein wichtiger Arbeitsschritt. Hierbei werden während der Ausführung die meisten Fehler gemacht. Fehler führen in der Regel jedoch dazu, dass es in der Folge zu Schäden kommt, die im Vorfeld hätten vermieden werden können. Entscheidend hierfür ist meistens Zeitdruck oder mangelndes Verständnis von Abläufen. Jeder Untergrund ist staubbelastet, sandet oder ist durch seine starke Saugfähigkeit bzw. Saugunfähigkeit zunächst ungeeignet. Erst durch eine geeignete Vorbehandlung des Untergrunds können Fliesenkleber oder andere Materialien ihre Klebefähigkeiten voll entfalten und eine sichere Verbindung mit dem Untergrund eingehen. Unterbleibt die Vorbehandlung, können Erschütterungen oder Bewegungen zu Schäden führen. Ein geeigneter Untergrund ist die wichtigste Voraussetzung für eine gelungene Fliesenverlegung. Geeignet sind alle festen, tragfähigen, trockenen, staub- und fettfreien Untergründe. Prüfen Sie darum vorher, ob Ihr Untergrund allen Ansprüchen genügt. Ob ein Untergrund sandet oder kreidet, können Sie durch eine Handprobe, die Festigkeit durch eine Ritzprobe feststellen. Ölige oder fettige Rückstände und starke Saugfähigkeit erkennen Sie am besten durch Benetzen mit Wasser. Gerade bei Altanstrichen ist Vorsicht geboten. Machen Sie die Probe mit einem Klebeband: Hierfür das Klebeband fest andrücken und nach einigen Minuten ruckartig abziehen. Farbreste am Klebeband bedeuten, dass die alte Farbe entfernt werden muss.

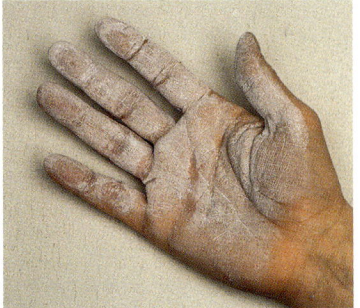
Handprobe

Ritzprobe

Benetzungsprobe

Klebebandprobe

Bereiten Sie den Untergrund sorgfältig vor. Sollten Sie nicht sicher sein, was alles zu tun ist, fragen Sie im Handel oder bei den Herstellern nach. Alle namhaften Hersteller bieten auch technische Beratung an.

Nicht fest sitzende Anstriche müssen entfernt und kreidende Oberflächen abgewaschen werden, sandende Oberflächen werden abgefegt. Öl- und fetthaltige Untergründe müssen chemisch neutralisiert werden. Außerdem muss der Untergrund lotrecht und eben sein.

Besondere Aufmerksamkeit sollten Sie einem Zementestrich über einer Fußbodenheizung widmen. Dieser Untergrund ist als besonders gefährdet anzusehen, da er im weiteren Verlauf erheblichen Formveränderungen unterliegt. Halten Sie unbedingt die im Folgenden angeführten Vorgaben ein. Auch hoch flexible Kleber können die Schäden nicht auffangen, die durch zu frühe Fliesenverlegung entstehen können. Ein Zementestrich erreicht nach 28 Tagen seine Normfestigkeit. Nach dieser Wartezeit wird das Heizprotokoll ausgeführt. Die meisten Heizungsanlagen verfügen über ein Programm, welches diesen Vorgang selbsttätig ausführt. Während dieser Phase wird der Estrich in 5 °C-Schritten bis zur maximalen Leistung aufgeheizt und ebenso langsam wieder abgekühlt. Bei manueller Vorgehensweise entnehmen Sie der

Betriebsanleitung die einzelnen Arbeitsschritte. Dabei entsteht ein zusätzlicher Schwund im Estrich. Vor der Verlegung muss der Boden abgekühlt sein. Restwärme führt während der Verlegung zu einer schnelleren Abbindung des Fliesenklebers und unter Umständen zu dessen „Verbrennen". Fußleisten sollten mit möglichst geringem Abstand zum Boden angebracht werden. Erfahrungs-

gemäß setzt sich der Boden innerhalb der ersten 6 Jahre noch. Die so vorbereiteten Flächen müssen dann mit einer Grundierung vorbehandelt werden. Welche Grundierung zu verwenden ist, hängt vom Untergrund ab. Verwenden Sie für den Auftrag der Grundierung eine Rolle oder Deckenbürste.

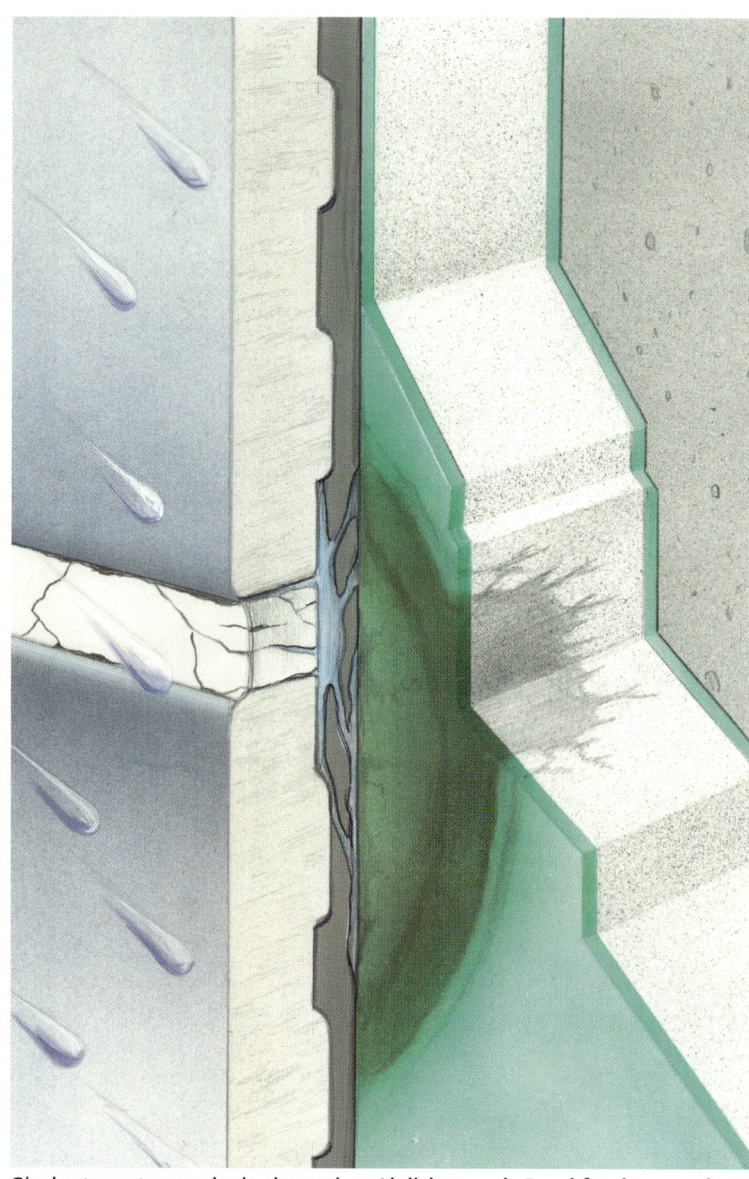

Gipsputz

Vorbehandlung

Exemplarisch werden die am häufigsten vorkommenden Untergründe angeführt.

Dazu zählen Gipsputz, Zementputz, Kalkzementputz, verschiedenartiges Mauerwerk, Gipskartonplatten, Zementestrich, Anhydritestrich, alte Fliesenbeläge und Holzböden.

Bis auf alte Fliesenbeläge, Anhydritestrich und Holzböden werden alle anderen Untergründe mit lösemittelfreiem Tiefgrund vorbehandelt.

Der Tiefgrund hat im Wesentlichen die Aufgabe, noch vorhandenen Staub zu binden und die Saugfähigkeit zu regulieren.

Zementestrich

Anhydritestrich

Kalkzementputz

Spanplatte

Gipskartonuntergrund mit alternativer Abdichtung als Durchfeuchtungsschutz

Alte Fliesenbeläge werden mit einem nicht rückfettenden Reinigungsmittel (am besten ist Anlauger) abgewaschen. Danach streichen Sie die Fläche entweder mit einer Haftemulsion oder Sie machen eine Kratzspachtelung mit Flex-Fliesenkleber. Der Fliesenkleber wird dabei mit einem Glätter ganz dünn auf den Untergrund aufgetragen. Anhydritestrich und Holzböden erhalten eine spezielle Grundierung.

Eine weitere Anmerkung zu Holzböden: Holzdielen sind für eine direkte Belegung mit Fliesen ungeeignet. Schrauben Sie die Holzdielen nach und verlegen Sie dann Spanverlegeplatten V 100, 25 mm stark im Verbund. Nut und Feder der Platten müssen Sie mit wasserfestem Leim einstreichen. Die Platten werden danach mit dem Untergrund verschraubt. Lassen Sie zu allen Wänden eine 1 cm breite Randfuge. Grundieren Sie den Boden und verkleben Sie dann eine Gewebematte mit Flexkleber.

Nach dem Trocknen kann der eigentliche Fliesenbelag verlegt werden. Der aufwändige Aufbau

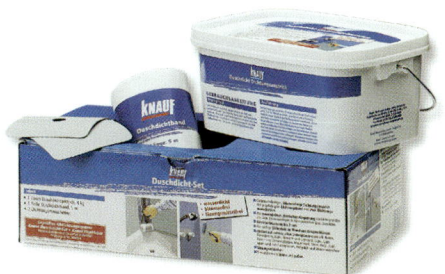

ist notwendig, damit der Untergrund weitgehend schwingungsfrei ist.

Zusätzliche Sicherheit erreichen Sie durch kleinformatige Fliesen. Der dadurch in der Fläche entstehende größere Fugenanteil (mit Flexfuge verfugt) kann Spannungen besser ausgleichen.

Wenn notwendig, können nach der Vorbehandlung die Oberflächen abgespachtelt werden.

Alternative Abdichtung

Glasierte Fliesen sind wasserundurchlässig, nicht aber die Fugen. Damit es nicht zu einer Durch-

feuchtung des Untergrundes kommt, müssen alle wasserbelasteten Flächen mit einer alternativen Abdichtung vorbehandelt werden. Im Einzelnen zählen dazu u. a. die Dusche, die Fläche oberhalb der Wanne und natürlich alle Bodenflächen im Außenbereich.

Der Anstrich sollte zwei- bis dreimal erfolgen, damit tatsächlich alle Poren geschlossen sind. Wichtig sind dabei auch die Dichtstreifen für die Ecken und die Manschetten für die Wasseranschlüsse. Letztere werden während des ersten Anstrichs in das nasse Bett eingelegt und später mit überstrichen.

Der Fliesenkleber

Drei Arten von Fliesenklebern
stehen Ihnen zur Verfügung:
Dispersionskleber, Pulverkleber
und Epoxidharzkleber. Da der
Epoxidharzkleber nur in Experten-
hände gehört, wird er im Weiteren nicht mehr erwähnt.
Dispersionskleber sind Fertigkleb-
stoffe. Ohne weitere Vorbereitun-
gen können diese Kleber direkt
aus dem Eimer verarbeitet werden.
Die Kleber zeichnen sich durch
eine hohe Klebekraft und Flexibi-
lität aus. In der Regel sind sie
nicht geeignet für Bodenfliesen
und für Außenbereiche. Aus der
Angebotsvielfalt der Pulverkleber
sind zwei Gruppen für Sie interes-
sant. Zum einen gibt es die Fliesenkleber nach DIN und zum
anderen die Flexkleber (nach der
Norm EN 12004: Flexmörtel). Fliesenkleber nach DIN lassen sich
dann einsetzen, wenn der Fliesenscherben (die Rückseite der Fliese)
und der Untergrund saugend sind
und wenn ein starrer, bewegungs-
freier Untergrund vorhanden ist.
Flexkleber müssen immer dann
eingesetzt werden, wenn eine

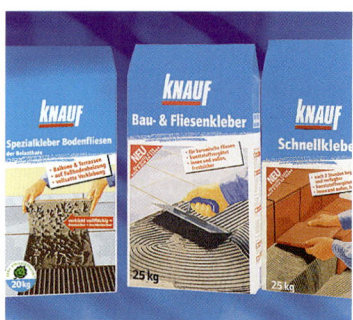

oder mehrere der drei Vorgaben
nicht erfüllt sind. Sie werden feststellen, dass meistens nur ein
oder zwei der drei Punkte erfüllt
werden und Sie also Flexkleber
einsetzen müssen.
Die bislang genannten Fliesenkleber werden mit einem Glätter auf
den Untergrund aufgetragen und
dann mit einem Zahnspachtel
durchgekämmt. Mit den herkömmlichen Fliesenklebern und der

beschriebenen Auftragsweise ist eine vollflächige, hohlraumfreie Verlegung nicht zu erreichen. Im Innenbereich (Privatbereich) ist das auch nicht erforderlich. Hier reicht eine Quote von ca. 65 %, d. h.: 65 % der Fliesenrückseite sind bei der Verklebung mit Fliesenkleber benetzt. Muss auch innen eine hohlraumfreie (100 %-Vernetzung) Verlegung erfolgen (z. B. bei stark belasteten Böden durch Stuhlrollen), muss mit der kombinierten Verlegemethode (Buttering, Floating) gearbeitet werden. Buttering heißt, der Fliesenkleber wird auf den Untergrund aufgetragen; bei Floating wird der Fliesenkleber auf der Fliesenrückseite aufgetragen. Eine Sonderstellung nehmen die Fließbettkleber ein. Sie wurden für eine hohlraumfreie Verlegung von Bodenfliesen entwickelt. Hohlraumfreie Verlegung ist im Außenbereich vorgeschrieben. In Hohlräumen kann sich Feuchtigkeit sammeln, die später (bei Frost) zu Schäden führt. Diese Kleber haben die Eigenschaft (wie Fließspachtel) selbsttätig zu verlaufen. Sie schließen daher unter der Fliese die Hohlräume. Pulverkleber werden mit Wasser angerührt, nach kurzer Wartezeit erneut durchgerührt und sind dann verarbeitungsfähig. Beachten Sie unbedingt die auf den Verpackungen angegebenen Wassermengen und Wartezeiten ebenso wie die Verarbeitungszeiten.
Nach jahrelanger Verunsicherung gibt es mittlerweile eine gute Nachricht für die Anwender von Flexklebern. Mit der neuen Norm für Flexmörtel EN 12004 C2 TE sind geprüfte Mindestanforderungen für flexible Fliesenkleber festgelegt worden. C2 steht dabei für erhöhte Festigkeit und Verformung. Bei allen Risikountergründen sollten Sie daher nur geprüfte Materialien einsetzen. Aus Gewährleistungsgründen ist es besonders wichtig, dass Sie nur mit Materialien eines Herstellers arbeiten.

Fugenbunt und Fugenschlämmmörtel

Mit dem Verfugen wird das Gesamtbild der Fliesenflächen vervollständigt. Fugenbunt ist für schmale Fugen bis ca. 6 mm vorgesehen. Die Fuge wird in der Oberfläche sehr glatt. Eingesetzt wird Fugenbunt vorzugsweise für Wandfliesen. Obwohl auf Zementbasis, sind die meisten Farben nur für den Innenbereich gedacht. Fugenschlämmmörtel (bis ca. 10 mm) und Fugenbreit (bis ca. 20 mm) sind für breitere Fugen gedacht. Die maximale Breite entnehmen Sie den Hinweisen auf der Verpackung. Diese Materialien werden bei Bodenfliesen eingesetzt. Farbige Fugenschlämmmörtel sind nicht unbedingt für außen geeignet, beachten Sie daher die Herstellerangaben. Die Auswahl der Fugenfarbe ist entscheidend für das Gesamtbild. Farben im Farbton der Fliesen erzielen eine einheitliche Fläche, Kontrastfarben heben die einzelne Fliese hervor und betonen das Fliesenraster.

Dauerelastische Fugen

Zum Einsatz kommen stets Silikone. Nur in Bad und Küche sollten Sie Sanitärsilikone verwenden. Silikone enthalten Inhaltsstoffe, die den Pilzbefall hemmen. Silikone altern, daher sind dauerelastische Fugen Wartungsfugen. Nach ca. vier bis sechs Jahren müssen die Fugen ausgewechselt werden.

Das alte Silikon wird vorsichtig mit einem scharfen Messer oder einer Rasierklinge ausgeschnitten. Noch anhaftende Reste können Sie mit Silikonentfernern beseitigen. Zur Sicherheit ein Hinweis: Prüfen Sie anhand der Materialbeschreibung, ob der Silikonentferner auch bei ihrem Untergrund verwendet werden kann.

Weitere Zubehöre

Als Reinigungsöffnung für Wanne oder Brausetasse sollten Sie einen Revisionsrahmen vorsehen. Bei Fliesengrößen, die nicht zum Rahmen passen, oder wenn der Rahmen stört, können Sie Fliesenmagnete verwenden. Die Fliesenmagnete bestehen aus vier Metallplatten und vier Magneten. Die Metallplatten werden auf der Rückseite einer Fliese (oder mehrerer, miteinander verklebter Fliesen) befestigt, die Magnete kommen in das Kleberbett auf den Untergrund. Sichtbare Kanten lassen sich am besten mit Eckprofilen herstellen. Diese Profile gibt es als Flach- oder viertelrunde Winkel in beschichteter Metallausführung oder in Kunststoff. Übergänge von Bodenfliesen zu anderen Belagstoffen sollten grundsätzlich mit Abschlussschienen ausgeführt werden. Angeboten werden diese Schienen in verschiedenen Stärken aus Alu, Messing, Metall und Kunststoff.

Wandfliesen im Innenbereich

Das Material

Wandfliesen zählen zur Feinkeramik (Steingut, Irdengut). Steingut hat als Bestandteil Kaolin. Der Fliesenscherben (die Rückseite der Fliese) ist weißlich. Irdengut, das Wort leitet sich von Erde ab, besteht vorwiegend aus Ton. Der Fliesenscherben ist rötlich. Der aus Kaolin oder Ton gefertigte Rohling wird mit Glasur versehen und dann im Brennofen gebrannt. Glasur ist die sichtbare Beschichtung der Oberflächen, die der Fliese das gewünschte Aussehen gibt. Das Wort leitet sich von Glas ab. Sehr fein gemahlene Glasanteile werden mit anderen Bestandteilen in flüssiger Form auf den Fliesenscherben aufgesprüht. Während des Brennvorgangs verschmelzen Glasur und Scherben miteinander.

Die fertige Fliese ist an der Oberfläche wasserdicht, schmutzabweisend und weitgehend säurebeständig. Der Scherben ist saugfähig, daher ist die Wandfliese nur für den Innenbereich geeignet. Die Stärke einer Fliese ist weniger wichtig.

Die Bearbeitungsfähigkeit hängt von der Materialzusammensetzung der Glasur, der Glasurstärke und der Brenntemperatur ab. In der Regel lassen sich Wandfliesen gut mit einfachen Werkzeugen bearbeiten.

Angeboten werden Wandfliesen im Handel als 1. Sorte und Mindersortierung. Für die Sortierung gilt allgemein, dass ca. 3 % der nächstschlechteren Sortierung enthalten sein dürfen. Zuge-

sicherte Eigenschaften der Hersteller (wie u. a. Maßgenauigkeit der Kantenlängen und der Dicke, Rechtwinkligkeit) gelten nur für die erste Sortierung. Zu erkennen ist die erste Sortierung durch eine rote Kennzeichnung auf der Verpackung.

Denken Sie daran, dass die Normen für Steingutfliesen (die meisten Wandfliesen gehören zur EN 159) Toleranzen zulassen. Kontrollieren Sie deshalb vor der

Verlegung Fliesen aus mehreren Paketen auf Maßabweichungen. Eine einfache Prüfung können Sie schon im Laden vornehmen. Legen Sie zwei Fliesen mit der Glasur aufeinander, drücken Sie nun an den diagonal gegenüberliegenden Ecken abwechselnd auf die Fliese. Im Idealfall wippt sie nicht, sie ist eben. Fliesen, die nicht ganz eben sind, lassen sich besser mit einem stärkeren Kleberbett verarbeiten.

Achten Sie beim Kauf darauf, dass alle Fliesen dieselbe Anfertigungsnummer haben. Nur so lassen sich unästhetische Farbunterschiede vermeiden. Darüber hinaus gilt es, Fliesen aus mehreren Paketen gleichzeitig zu verarbeiten, um so die Farbunterschiede wie bei einem Farbspiel gleichmäßig zu verteilen.

Ob erkennbare Muster auf der Oberfläche sind oder nicht, ein Blick auf die Fliesenrückseite hilft. Ist dort ein Richtungspfeil angegeben, so müssen alle Fliesen in derselben Verlegerichtung verlegt werden.

Bordüre als oberer Abschluss

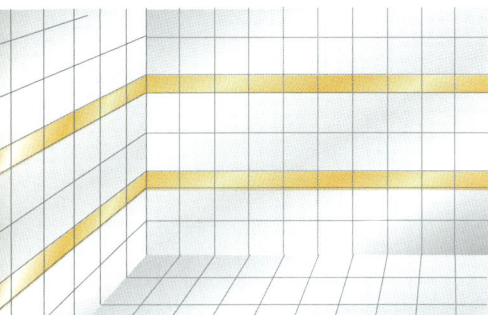

Bordüre als Doppelstreifen in den Belag eingearbeitet

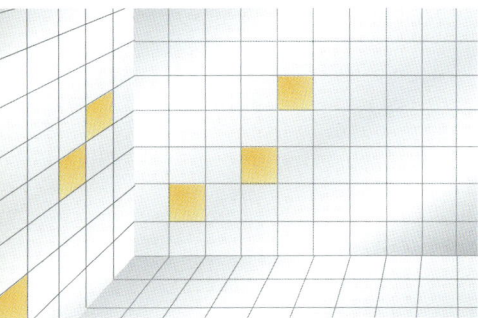

Unregelmäßige Einstreuung von andersfarbigen Fliesen oder Dekoren

Ermitteln Sie die benötigte Menge und rechnen Sie Verschnitt dazu. Je nach Flächenzuschnitt und Verlegeart müssen Sie mit 3 % bis 5 % Zuschlag rechnen. Planen Sie lieber etwas großzügiger (ca. 10% Zuschlag), damit Sie für eventuelle Notfälle später eine Reserve haben. Abschließend noch ein Tipp: Je größer die Fliese ist, desto glatter und ebener muss die zu belegende Fläche sein. Unregelmäßigkeiten im Untergrund können nur schwer ausgeglichen werden. Besonders dann, wenn sie erst während der Verlegung auffallen.

Die optische Gestaltung

Der Handel bietet eine fast unüberschaubare Vielfalt an keramischen Erzeugnissen für den Innenbereich an. Die große Auswahl an Farben und Formaten gibt Ihnen alle Möglichkeiten der Gestaltung. Entscheidend für Sie ist, was Ihnen gefällt.

Bei der Auswahl rechteckiger Fliesen sollten Sie gleichzeitig auch deren optische Wirkung berücksichtigen. Rechteckige Fliesen hochkant verlegt geben einem

Raum Höhe, flach verlegt wirkt der Raum gestreckt.

Ergänzt wird die Flächenwirkung durch die Fuge. Fliesen und Fugen in gleicher Farbgebung betonen die Fläche, abgesetzte Fugen betonen die einzelne Fliese und das Fugenraster tritt hervor.

Zusätzliche Akzente lassen sich durch den Einsatz von Einzeldekoren, Bildern und Bordüren erreichen. Überlegen Sie bei Ihrer Planung, welche Flächen nach vollständiger Einrichtung noch sichtbar sind, damit Dekore auch zur Wirkung kommen.

Für Bordüren gibt es neben den Herstellerangeboten eine breite Auswahl an Fremdherstellern. Achten Sie auf Stärkenunterschiede bzw. Maßabweichungen. Bordüren von den Fliesenherstellern passen im Regelfall mit ihren Maßen zu den Grundfliesen, senkrechte Fugen können auch bei den Bordüren übernommen werden.

Weichen die Maße ab, hilft ein einfacher Trick: Setzen Sie die Bordüren einfach versetzt zu den Grundfliesen an. Endlosbordüren erfordern durch Einteilung und Zuschnitt einen höheren Verlegeaufwand.

Die Fuge

Je nach Fliesengröße können Fugen von 2,5 mm bis 5 mm eingeplant werden. Erfragen Sie die Herstellervorgabe, wenn Sie nicht sicher sind, für welche Breite Sie sich entscheiden sollen. Denken Sie bitte daran, dass viele Fliesen leicht gerundete Kanten haben. Die Fuge erscheint nach dem Verfugen daher breiter.

Schmalere Fugen sehen eleganter aus, setzen jedoch voraus, dass die Fliese nur geringe Maßtoleranzen aufweist. Im Übrigen gibt es bei den meisten Fliesen Maßtoleranzen. Im Wandbereich sind Sie daher mit der Standardfugenbreite von 3 mm gut beraten.

Für ein gleichmäßiges Fugenbild können Sie sich nur begrenzt auf die Fliesenkreuze verlassen, im Gegensatz zu den Fliesen sind diese maßgenau. Sie können die Fliesenkreuze trotzdem verwenden, wenn Sie diese, wie in der nebenstehenden Abbildung gezeigt, verwenden.

Einteilungsregel für Wandfliesen

Durch Aufteilung der Fliesen innerhalb einer Fliesenfläche ergibt sich für den Betrachter ein gleichmäßiges, optisch ansprechendes Verlegebild.

Da sich Teilfliesen in der Regel nicht vermeiden lassen, gilt es, Einteilungsregeln anzuwenden. Diese Einteilungsregeln sollen Ihnen helfen, einen Fliesenbelag optisch besser darzustellen. Die wichtigste Regel lautet: Kein Streifen darf kleiner als eine halbe Fliesenbreite sein. Schmalere Streifen werden vom Betrachter als unangenehm empfunden.

Symmetrisches Einteilen

muss sein bei Pfeilern, Vorlagen und Wandspiegeln,
soll sein bei Nischen, Fensterbänken, über Türen,
kann sein bei breiteren Wänden, die nicht mit einem Blick überschaubar sind.
Pfeiler sind hervorstehende Bauteile, die vom Boden bis zur Decke gehen (Kamin).
Vorlagen sind hervorstehende Bauteile, die in der Höhe nur einen Teil der Wandfläche belegen und eine Ablagefläche bieten.
Wandspiegel sind Flächen, die innerhalb einer Wandfläche keinen Anschluss an Decke oder Boden haben (Küchenspiegel).
Nischen sind zurückgebaute Flächen (Heizkörpernischen). Teilstreifen werden bei Wandspiegeln und Wänden an den Außenseiten angeordnet. In Nischen können Streifen sowohl innen wie auch außen angeordnet werden. Bei Pfeilern und Vorlagen gehören die Streifen in die Mitte.

Verfliesen mit Fugenkreuzen

Einteilung in symmetrischer und asymmetrischer Ausführung

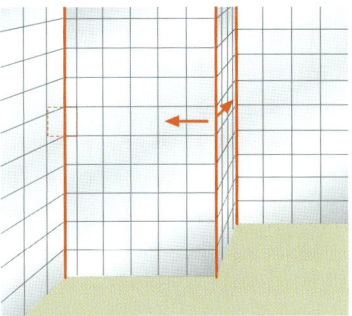

Außenecke: An den Außenecken mit ganzen Fliesen beginnen.

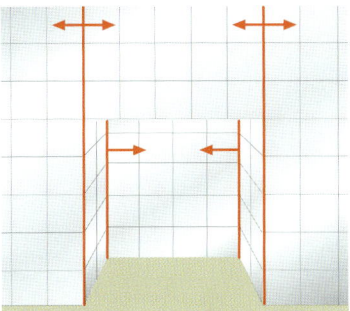

Nischenkante: An den Nischenkanten mit ganzen Fliesen beginnen. Die im hinteren Bereich liegende Fläche gegebenenfalls mit Teilstreifen beginnen.

Fensterkante: An den Fensterkanten mit ganzen Fliesen beginnen. Teilstreifen liegen außen.

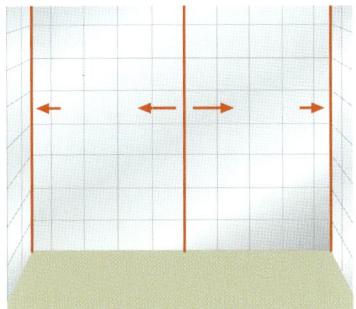

Wandmitte: Von der Wandmitte nach rechts und links fliesen.

Fensterwand in symmetrischer Einteilung

Fensterwand in asymmetrischer Einteilung

Die oberen zwei Abbildungen zeigen Ihnen eine Fensterwand mit und ohne Einteilung. Entscheiden Sie selbst, welche der Ausführungen auf den Betrachter harmonischer wirkt.

Die einfachste Möglichkeit für eine symmetrische Einteilung ist folgende Vorgehensweise: Messen Sie die Strecke einer Wand aus und markieren Sie die Mitte der Fläche. So erhalten Sie die so genannte Symmetrieachse. Die beiden Flächen nach rechts und links sind deckungsgleich. Wie Sie in der Abbildung unten sehen, geht die Symmetrieachse entweder durch die Fliesen- oder

Fugenmitte. Durch Auslegen können Sie die ideale Position finden. Schneiden Sie die entstehenden Teilstreifen nicht alle sofort, sondern für jede Fliesenreihe separat. Unregelmäßigkeiten der angrenzenden Wände lassen sich so leichter ausgleichen.

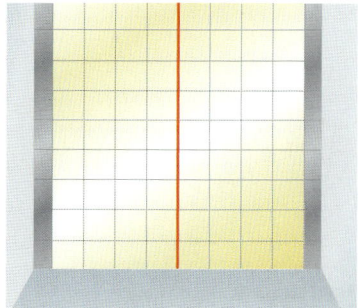

Teilstreifen am Rand

Auch wenn eine Wandfläche mit ganzen Fliesen auskommt, sollten Sie über die Alternative, mit gleich breiten Teilstreifen zu beginnen, nachdenken. Da angrenzende Wände nie genau lotrecht stehen, können so Abweichungen besser ausgeglichen werden.

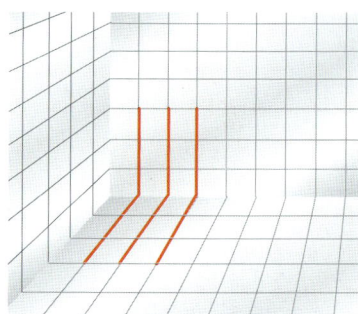

Durchgehende Fugen an Wand und Boden

Gleiche Fliesenformate an Wand und Boden stellen eine besondere Herausforderung dar. Die Fugen sollten umlaufend von der einen Wand über den Boden zur gegenüberliegenden Wand durchgehen. Fliesen Sie hier zuerst zwei im Winkel stehende Wände und dann den Boden. Zuletzt werden die restlichen Wände verfliest. Nur so erreichen Sie, dass die Fugen, ohne zu verspringen, wirklich durchgehend sind.

Symmetrieachse durch Fliesenmitte bzw. Fuge

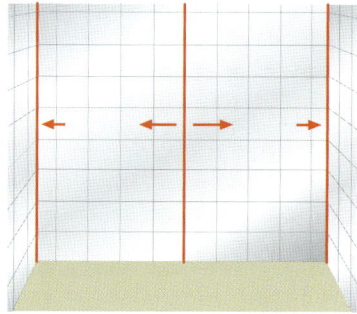

Symmetrieachse durch die Fuge in der Wandmitte

1
Grundieren der Flächen

Die Vorbereitungsarbeiten

Bevor die erste Fliesenreihe ge-
klebt werden kann, müssen Sie
alle Vorbereitungsarbeiten ausführen.
Grundieren Sie mit lösemittelfreiem Tiefgrund alle Flächen. Flächen
in Duschen oder über Badewannen müssen dann mit einer alternativen Abdichtung vorgestrichen
werden. In den ersten, noch fri-
schen, Anstrich werden in den
senkrechten und waagerechten
Ecken Dichtungsbänder eingelegt.
Die Anschlüsse für die Armaturen
werden mit Dichtmanschetten
ausgearbeitet.
Danach wird der Belag noch mindestens einmal gestrichen. Achten
Sie dabei auf die Herstellerangaben. Unter Umständen sind für
eine garantierte Dichtigkeit drei
Anstriche erforderlich. Dieser
Schutzanstrich verhindert, dass
über die Fugen eindringende
Feuchtigkeit im Untergrund zu
Schäden führt. Führen Sie diese
Arbeit sehr sorgfältig aus.

2
Dichtanstrich in den Ecken für das Dichtband anbringen und das Band ...

3
... in den feuchten Anstrich legen.

1

Das Dichtband gut in die Ecken
eindrücken.

2

Die Kanten nachstreichen.

4

Dichtmanschetten für die Wasseranschlüsse herstellen ...

5

... in den nassen Anstrich einlegen
und nachstreichen.

3

Der erste Anstrich

6 Den zweiten und gegebenenfalls den dritten Anstrich ausführen.

7 So sollte die fertige Fläche aussehen.

Die hier vorgestellte Vorgehensweise empfiehlt sich in einem Bad, in dem Duschtassen oder Badewannen noch nicht eingebaut sind. Zweckmäßig ist grundsätzlich eine alternative Abdichtung anzubringen, bevor Wanne oder Dusche aufgebaut werden. Sollten die Einbauteile bereits stehen, was bei Renovierungen häufig der Fall ist, müssen Sie den dauerelastischen Fugen zwischen Wanne oder Wand besondere Aufmerksamkeit widmen. Da Silikone altern und dabei spröde werden, sollten Sie diese Fugen in regelmäßigen Abständen erneuern (s. Seite 29). Alternative Abdichtungen gibt es sowohl in streichfertiger Ausführung wie auch als Pulver, das mit Wasser angerührt wird. Die Wahl bleibt Ihnen überlassen. Leichter zu verarbeiten sind allerdings streichfertige Abdichtungen. Zu guter Letzt nochmals der Hinweis: Tragen Sie die Abdichtung mehrfach auf! Nur so lassen sich alle Poren schließen und Feuchtigkeitsschäden vermeiden.

Die erste Fliesenreihe

Da beim Fliesenkleben ein Arbeiten von unten nach oben nicht notwendig ist, können Sie sich dies zunutze machen. Das zu ermittelnde Maß für die erste Reihe sollte zwischen Brust- und Augenhöhe liegen. Dazu legen Sie mehrere Fliesen mit genauen Fugenabständen auf dem Boden aus. Messen Sie die gesamte Länge aus und rechnen Sie eine Fuge von mindestens 5 mm als Abstand zum Boden dazu. Die so ermittelte Höhe übertragen Sie nun auf die Wandfläche und bringen umlaufend eine Verlegelinie an.

Höhe für die erste Reihe festlegen.

Überzeugen Sie sich, dass der Anfangspunkt und Endpunkt auch tatsächlich auf derselben Höhe liegen.
Diese Kontrolle ist dann besonders wichtig, wenn Sie mit kürzeren Werkzeugen (Richtlatte, Wasserwaage) arbeiten. Diese Verlegelinie entspricht der Oberkante der ersten zu verlegenden Fliesenreihe.

Höhenmarkierung für die erste Reihe mit Wasserwaage oder Wasserwaage und Richtlatte anzeichnen.

Auf der folgenden Abbildung sehen Sie, dass ein Klebestreifen verwendet wurde, damit die Verlegelinie nicht durch Kleberauftrag unkenntlich wird. Sie können auf diesen Streifen verzichten, wenn Sie den Kleber ganz dicht an der Linie ansetzen. Tragen Sie den Fliesenkleber mit einem Glättspachtel auf und ziehen Sie dann einen geeigneten Zahnspachtel durch den Auftrag hindurch.

Kleber auftragen und mit Zahnspachtel durchkämmen.

Für den angerührten Kleber haben Sie eine durchschnittliche Verarbeitungszeit von vier Stunden. Abhängig von der Umgebungstemperatur und dem Untergrund bildet der aufgetragene Kleber nach ca. 20 Minuten eine Oberflächenhaut, ist also nicht mehr klebefähig. Tragen Sie daher nie zu viel Kleber auf. Die Zahnung sollte waagerecht verlaufen. Mit diesem kleinen Trick vermindern Sie das sowieso schon geringe Risiko des Abrutschens von Fliesen.
Ziehen Sie nun das Klebeband ab, die zuvor gezeichnete Linie kommt wieder zum Vorschein.

Klebestreifen entfernen.

Setzen Sie die beiden äußeren Fliesen an und spannen Sie dann die Gummischnur in die Fliesenansetzecken ein. Die Gummischnur muss straff gespannt sein. Entlang der Schnur können Sie nun die erste Fliesenreihe anlegen. Kontrollieren Sie das Ganze mit einer längeren Richtlatte und einer Wasserwaage und korrigieren Sie gegebenenfalls den Sitz der Fliesen. Überschüssigen Kleber sofort, auch aus den Fugen, entfernen. Nicht entfernte Kleberreste führen bei der Verfugung zu unerwünschten und im Vorfeld vermeidbaren Schönheitsfehlern.

Äußere Fliesen provisorisch setzen und die Fliesenhexe mit Gummischnur spannen. Von der Mitte aus die Fliesen dann nach rechts und links kleben und sofort die Teilstreifen schneiden.

Jetzt können Sie die Reihen nach unten vervollständigen. Setzen Sie die Fliesen jeweils direkt an die geklebten Fliesen an und ziehen Sie diese um den Fugenabstand nach unten.

zweiten oder dritten Fliesenreihe sollten Sie mit der Wasserwaage nicht nur die Oberkante, also die Waage, sondern auch das Lot, also die Seitenkanten der Fliesen im Belag, überprüfen.

Fliesen mit Fliesenkreuzen weiter verkleben.

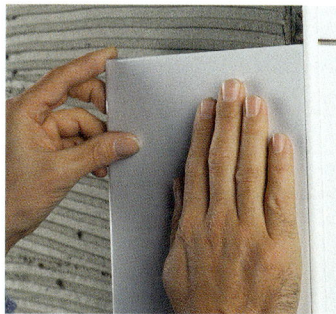

Fliesen schräg ansetzen. Der Kleber wird dann gleichmäßiger verteilt.

Keine Angst, die Fliesen rutschen nicht weiter ab. Sie vermeiden durch diese Arbeitsweise, dass sich Fliesenkleber in die Fugen drückt.
Ebenso können Sie die Fliesenreihen nach oben ergänzen. In jeder

In den Fugen austretenden Fliesenkleber entfernen Sie sofort. Nehmen Sie dazu ein angespitztes Holzwerkzeug. Auf keinen Fall Metallwerkzeuge verwenden, da diese die Kanten beschädigen können.

Reinigen der Fugen mit einem Holzwerkzeug

Kontrolle mit Richtlatte und Wasserwaage auf waagerechte Lage

Erforderliche Aussparungen und Löcher in Fliesen sollten Sie sofort anbringen und die entsprechend bearbeiteten Fliesen einsetzen. Werden Fliesen nachträglich eingesetzt, ergeben sich womöglich Abweichungen im Fugenverlauf. Mit der dargelegten Arbeitsweise können Sie alle Wände verfliesen.

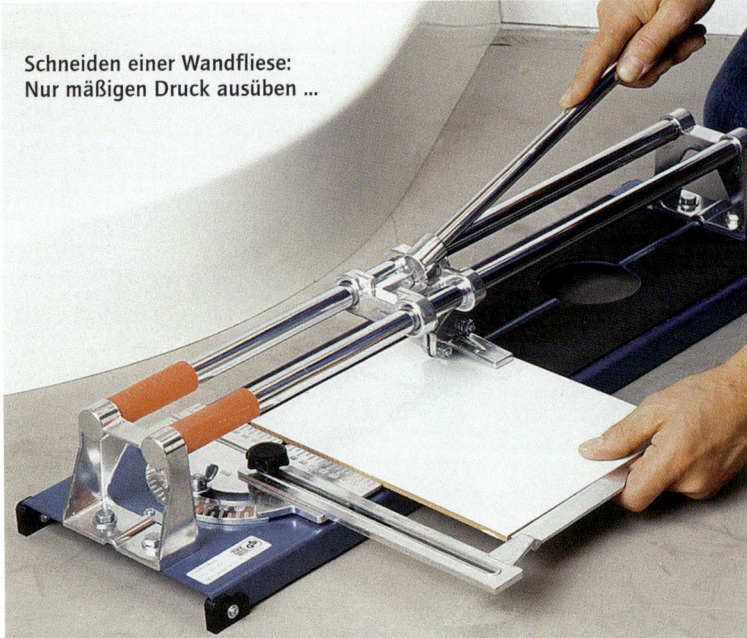

Schneiden einer Wandfliese: Nur mäßigen Druck ausüben ...

Lochen einer Wandfliese mit dem Kreisschneider

Lochen einer Wandfliese mit dem Lochboy

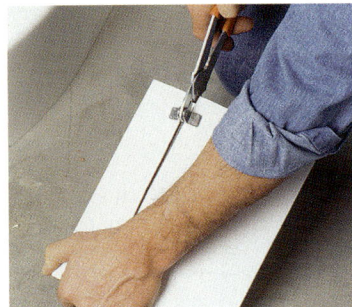

Brechen der Schnittkante mit einer Fliesenbrechzange

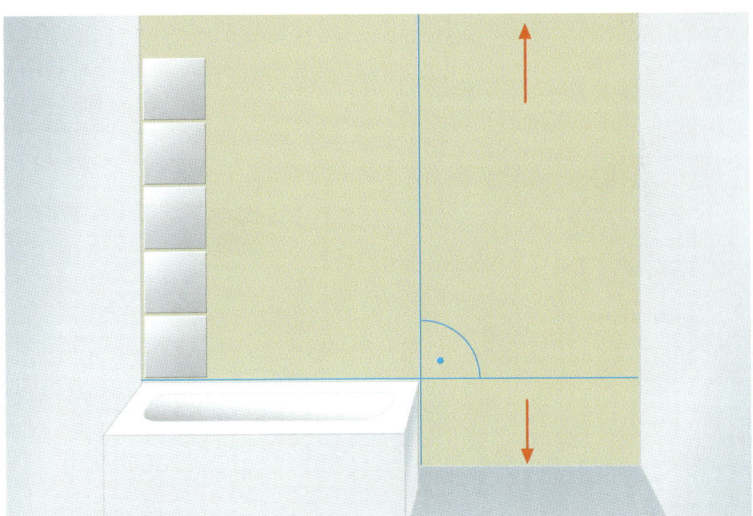

So sollte es sein: Oberhalb der Wanne sitzen ganze Fliesen.

Die Oberkanten von Badewannen (weniger von Duschtassen) sind weitere optische Bezugspunkte. Ideal ist, wenn oberhalb der Wanne eine ganze Fliese sitzt. Dies lässt sich allerdings nur erreichen, wenn Fliesengrößen und Einbauhöhe der Wanne aufeinander abgestimmt sind. Mit Fliesenhöhen von 10 cm, 15 cm, 20 cm, 25 cm und 30 cm und einer Einbauhöhe von ca. 50 cm bis ca. 60 cm kann dieser Idealzustand erreicht werden.

Planen Sie also rechtzeitig und unterrichten Sie auch Ihren Sanitärinstallateur.
Müssen Sie die Wanne als vorhandenes Bauteil übernehmen, ist eine ganze Fliese meist nur noch bedingt realisierbar. Entweder teilen Sie die Fläche so ein, dass ein breiter Teilstreifen über der Wanne entsteht, oder Sie beginnen mit einer Teilfliese unten an der Wand, damit über der Wanne wieder eine ganze Fliese sitzt.

Verfugen von Wandfliesen

Nach dem Anbringen der letzten Fliese an der Wand und einer Wartezeit von ca. 24 Stunden können Sie mit dem Verfugen beginnen.

Verfugt wird immer von oben nach unten. Beginnen Sie mit kleineren Flächen, um so Ihren Arbeitsrhythmus zu finden. Drei Arbeitsschritte laufen zügig nacheinander ab: Verfugen, Waschen und Trockenputzen. Die folgenden Abbildungen veranschaulichen diese Schritte. Es empfiehlt sich, hierbei immer Gummihandschuhe zu tragen. Längerer Kontakt der Haut mit Fugenmörtel und Waschwasser führt zu Reizungen und Schädigungen der Haut.

Mit einem Fugbrett wird der angemachte Fugenmörtel diagonal zur Fuge eingearbeitet. Verfugen Sie anfangs nur kleine Teilflächen. Saugfähigkeit und Umgebungstemperatur beeinflussen die Geschwindigkeit, mit der Fugenmörtel abbindet. Unter Umständen ist leichtes Vornässen notwendig, damit der Fugenmörtel

Verfugen mit einem Fugbrett

1

nicht zu schnell abbindet. Zusammenhängende Flächen müssen zügig komplett verfugt werden. Längere Unterbrechungen können

zu Ansätzen zwischen altem und neuem Material führen.

Mit einem Schwammbrett wird überflüssiges Material im ersten Waschgang von den Fliesen abgenommen. Im zweiten Waschgang werden die Fugen mit einem Schwamm oder mit einem Schwammbrett auf einheitliche Breiten zurückgewaschen. Führen Sie beide Arbeitsgänge diagonal zur Fuge aus. Der Schwamm ist nur mäßig feucht, auf keinen Fall nass. Zu viel Wasser kann nach dem Abtrocknen zu scheckigen Fugen führen. Der dritte Waschgang wird senkrecht zur Fuge ausgeführt. Hierfür den sehr gut ausgedrückten Schwamm mit leichtem Druck parallel zu den Fugen führen. Die letzten Reste werden so noch abgewaschen. Abschließend muss der restliche Mörtelschleier mit einem weichen, saugfähigen Tuch entfernt werden. Diesen Arbeitsgang so oft wiederholen, bis keine Reste mehr auf der Oberfläche zu sehen sind. Auf diese Weise erreichen Sie einen sauberen Fliesenbelag.

Fugenmaterial gut eindrücken.

2

Fugbrett diagonal zu den Fugen führen.

3

Die fertig verfugte Fläche halten Sie über einen Zeitraum von drei Tagen feucht.
Zwei- bis dreimal am Tag die Fläche gleichmäßig anfeuchten. Die Fuge bekommt dadurch Feuchtigkeit zum Aushärten, wird also fester.

Abwaschen der Fliesen mit einem Schwamm

5

Trockenputzen, bis alle Rückstände entfernt sind.

4

Fliesen auf Fliesen verkleben

An Fliesen als zu beklebenden Untergrund werden die üblichen Anforderungen gestellt. Sie müssen fest sitzen und frei von Verschmutzungen sein. Reinigen Sie die Flächen mit einem nicht rückfettenden Mittel. Bewährt hat sich Anlauger. Diesen Artikel finden Sie in der Farbabteilung von Baumärkten. Normale Haushaltsreiniger hingegen sind rückfettend. Entfernt werden müssen auch im Fliesenbelag vorhandene Silikonfugen. Schneiden Sie diese vorsichtig mit einem scharfen Messer oder einer Rasierklinge aus, entfernen Sie noch anhaftende Reste mit Silikonentferner und waschen Sie das Ganze gut ab. Es dürfen keine Rückstände bleiben. Die so vorbereitete Oberfläche muss weder angeschliffen noch auf andere Art aufgeraut werden.

Streichen Sie den Untergrund mit Haftemulsion, oder einem besonders dafür angebotenen Mittel, vor und lassen Sie ihn trocknen. Alternativ können Sie die Flächen mit Fliesenkleber abziehen. Diese Methode hat den Vorteil, dass der Untergrund rauer ist und dem Fliesenkleber bessere Haftung gibt.

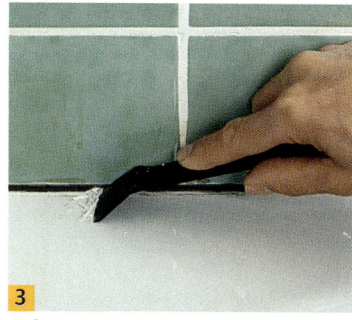

3

Gelöste Reste mit einem Schaber mechanisch entfernen.

1

Silikon am Wannenrand mit dem Fugenhai mechanisch entfernen.

4

Mit Silikonentferner gelöste Reste entfernen.

2

Silikonentferner auftragen und einwirken lassen.

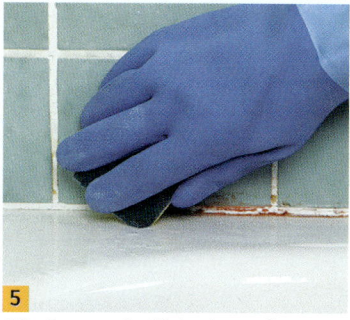

5

Alle Reste gründlich abwaschen.

Nach Abtrocknen des Fliesenbelags können Sie diesen direkt
bekleben.

Geeignet für die Fliesenverkle-
bung sind Dispersionskleber und
zementgebundene Flexkleber.

Bei der Wahl des Klebers sollten
Sie beachten, dass Dispersionskleber eine Trockenzeit von ca.
7 Tagen haben. Vor Ablauf dieser
Zeit dürfen Sie auf keinen Fall
verfugen.

Flexkleber auf Zementbasis hingegen können bereits nach ca.
24 Stunden verfugt werden.

1 Alte Fliesen abwaschen.

2 Höhenmarkierung anzeichnen.

Teilen Sie nun die Wand ein. Berücksichtigen Sie vor allem bau-
seits vorgegebene Höhen wie
Badewannen oder Duschtassen.
Bringen Sie die Verlegelinie an,
tragen Sie den Kleber auf und
kleben Sie von dieser Linie die
Fliesen nach oben und unten
weiter. Kontrollieren Sie auch hier
immer wieder Waage und Lot.

3 Den Fliesenkleber auftragen ...

4 ... und abschnittweise weiterarbeiten.

5 Den Kleber mit dem Zahnspachtel durchkämmen.

6 Fliesen weiter verkleben.

7 Ausrichten der Fliesen

8 Zu guter Letzt: So sollte es aussehen.

Bodenfliesen im Innenbereich

Das Material

Bodenfliesen werden als Steinzeug- und Feinsteinzeugfliesen angeboten und gehören in die Gruppen Feinkeramik und Grobkeramik. Der Unterschied zwischen beiden liegt in der Materialzusammensetzung und dem Herstellungsverfahren.

Der fertige Rohling wird bei Temperaturen bis zu 1350 °C gebrannt. Bei diesen hohen Temperaturen kommt es zum Sintern (dem Verschmelzen der Bestandteile) und dadurch zu einer sehr dichten und harten Fliese. Bodenfliesen werden in glasierter, unglasierter, polierter und strukturierter Ausführung angeboten.

Die fertige Fliese ist im Regelfall hart und weitgehend säurebeständig. Der Scherben ist schwach saugend bis nicht saugfähig.

Fliesen nach den Normen EN 121 und EN 176 (EN = Europanorm) sind wegen ihrer geringen Wasseraufnahme frostbeständig, die der Normen EN 186 und EN 177 sind nur dann frostbeständig, wenn eine Prüfung nach EN 202 bestanden wurde.

Für welche Oberfläche (glasiert, unglasiert, poliert, strukturiert) Sie sich im Innenbereich entscheiden, liegt an den Anforderungen, die Sie an den Fliesenbelag haben. Stellen Sie hohe Anforderungen an den Widerstand gegen Oberflächenverschleiß (Abriebfestigkeit), sind Sie mit einer unglasierten Fliese gut beraten. Anforderungen an leichte Reinigung und Hygiene erfüllen glasierte Bodenfliesen besser.

Vor dem Kauf sollten Sie deshalb eine Prioritätenliste erstellen, in der Sie alle Anforderungen aufführen und gemäß ihrer Wichtigkeit markieren.

Hier eine kurze Auflistung der wichtigsten Merkmale.

• Unglasierte Fliesen bieten einen besseren Schutz gegen Abrieb, haben eine größere Trittsicherheit bei Feuchtigkeit, sind allerdings ohne regelmäßigen Schutz empfindlicher gegen Flüssigkeiten und Fette.

• Glasierte Fliesen sind durch ihre geschlossene Oberfläche weniger empfindlich gegen Verschmutzung, daher leichter zu reinigen. Sie sind bei Feuchtigkeit weniger rutschfest und bedürfen Schutzmaßnahmen gegen Oberflächenverschleiß.

• Polierte Oberflächen finden Sie vorzugsweise bei Feinsteinzeug. Die Oberfläche ist glatter als bei unglasierter Ware und schmutzempfindlicher als bei glasierten Fliesen.

• Oberflächenstrukturen auf Fliesen sind einerseits dekorative Elemente und geben andererseits einem glasierten Boden mehr Trittsicherheit.

Bodenfliesen dienen nicht nur der dekorativen Gestaltung eines Bodens. Im privaten wie im gewerblichen Bereich müssen Sie meist weitere Anforderungen erfüllen. Während Säurebeständigkeit im privaten Bereich eher selten erwartet wird, so ist doch der Wunsch nach Rutschfestigkeit und Trittsicherheit häufiger anzutreffen.

Rutschfestigkeit wird mit den zusätzlichen Bezeichnungen R 9 bis R 13 ausgelobt. Fliesen nach R 9 und R 10 können auch im privaten Bereich verlegt werden, da die Oberflächen keine ausgeprägten Strukturen aufweisen. Die anderen Gruppen sind hauptsächlich für den gewerblichen Bereich vorgesehen. Für Fliesen mit derartigen Eigenschaften (ab R 10) muss ein Prüfzeugnis vorliegen. Nur dann gilt die Eigenschaft auch als zugesichert. Das Prüfzeugnis muss Ihnen der Verkäufer auf Verlangen aushändigen.

Bodenfliesen werden wie Wandfliesen als 1. Sortierung und Mindersorte angeboten, eine Aus-

nahme ist unglasiertes Steinzeug. Hier gibt es drei Qualitätsstufen: 1. Sorte (Kennzeichnung rot), 2. Sorte (Kennzeichnung blau) und 3. Sorte oder Mindersorte (Kennzeichnung grün). Für die Sortierungen gilt im Allgemeinen, dass ca. 3 % der nächstschlechteren Sortierung enthalten sein dürfen. Wie bei den Wandfliesen auch hier der Hinweis, dass zugesicherte Eigenschaften immer nur für die 1. Sortierung gelten.

Welche Fliesengrößen Sie einsetzen, hängt von der Raumgröße, der Ebenheit des Untergrundes und der Verlegeart ab. Je größer die Fliese ist, desto ebener muss der Untergrund sein, selbst kleinste Unebenheiten fallen auf. Bei besonderen Verlegearten wie z. B. Diagonalverlegung sollten Sie in kleineren Räumen keine zu großen Fliesen verwenden.

Nicht alle Hersteller bieten zu ihren Produkten auch Sockelfliesen an. Sie können diese allerdings problemlos aus Bodenfliesen schneiden.

Wenn es erforderlich ist, sollten Sie beim Kauf auch auf angebotene Formteile wie Stufenplatten achten. Bodenfliesen lassen sich in der Regel nicht so einfach

bearbeiten wie Wandfliesen. Unter Umständen müssen Elektrowerkzeuge wie Winkelschleifer oder Nassschneidemaschinen für gerade Schnitte und Ausklinkungen am Rand eingesetzt werden. Löcher in der Fliese lassen sich nur mit Bohrkronen herstellen.

Die Fuge

Entscheidend für die Wahl der Fugenbreite sind mehrere Faktoren. Dazu gehören u. a. Herstellungsprozess, Fliesengröße und Maßgenauigkeit. Grundsätzlich gilt der Bereich von 4 mm bis 10 mm. Stranggepresste Fliesen weisen größere Maßunterschiede auf. Sie erkennen die Fliesen an dem Verpackungsaufdruck (A I, A IIa, A IIb, A III). Diese Fliesen müssen meistens mit bis zu 10 mm breiten Fugen verlegt werden. Fliesen, die trockengepresst hergestellt werden (B I, B IIa, B IIb, B III), können auch mit schmaleren Fugen ab 4 mm verlegt werden. Fragen Sie den Verkäufer, welche Vorgaben der Hersteller macht, bzw. ermitteln Sie Größenunterschiede durch Plattenvergleiche.

Die Beanspruchungsgruppen

Der Begriff Oberflächenverschleiß wird nur bei glasierten Fliesen und Platten angewendet. Schmutz unter Schuhen wirkt dabei wie Schmirgelpapier. Das Schadensbild des Oberflächenverschleißes beginnt mit Kratzern und geht bis zu abgelaufenen Glasuren. Wirksamen Schutz erhalten Sie durch Fußmatten oder ähnliche Schutzmaßnahmen. Entsprechend dem Verwendungszweck sollten Sie schon beim Kauf auf ausreichende Strapazierfähigkeit der Fliesen achten. In der ISO/EN 10545 Teil 7 sind 5 Beanspruchungsgruppen enthalten. Nachfolgend sind die Gruppen aufgelistet und mit Beispielen erläutert. Da für Innenräume immer eine durchschnittliche Nutzung vorausgesetzt wird, ergibt sich, dass Sie Abweichungen einplanen müssen. Beispielhaft soll dies an einem Wohnraum dargelegt werden.

Wohnräume in ihrer Mehrzahl sind Innenräume ohne Zugang von außen. Sollte es sich um einen Wohnraum handeln, der von außen betreten werden kann, steigt auch gleichzeitig die Möglichkeit, Schmutz hereinzutragen.

Beanspruchungsgruppen

Gruppe 1:
Für Räume mit leichter Beanspruchung (Barfuß- und Hausschuhbereich)
Gruppe 2:
Für Räume mit mittlerer Beanspruchung (Wohnbereich, Essbereich, Toilette)
Gruppe 3:
Für Räume mit mittelstarker Beanspruchung (Diele, Flure, Terrasse)
Gruppe 4:
Für Räume mit hoher Beanspruchung (Treppenhaus, Küche, Arbeitsräume)
Gruppe 5:
Für Räume mit höchster Beanspruchung (Garagen, gewerbliche Objekte)

Sie müssen also mit einer höheren Belastung rechnen und deshalb auch eine höhere Abriebgruppe wählen.

Wie bereits erwähnt, wird der Begriff Oberflächenverschleiß nur auf glasierte Fliesen angewendet. Unglasierte Fliesen bestehen nur aus einem Material. Abrieb verändert also nicht sichtbar die Oberfläche. Bei unglasierten Fliesen wird deshalb von Tiefenverschleiß gesprochen.

Ein Tipp: Der höchsten Beanspruchung halten unglasierte Fliesen am besten stand.

In diesem Zusammenhang soll auch auf die Stoßempfindlichkeit eingegangen werden. Gegen Stoß, z. B. durch fallende Gegenstände, sind Fliesen nur unzureichend beständig. Dies trifft vor allem für glasierte Oberflächen zu. Hier sind Beschädigungen der Oberfläche gleich sichtbar. Unglasierte Fliesen hingegen sind nicht annähernd so empfindlich. Zwar platzt auch bei diesen Fliesen ein Teil der Oberfläche ab, durch die homogene Materialstruktur fällt es jedoch bei weitem nicht so auf.

Die Vorbereitungsarbeiten

Zu den Vorbereitungsarbeiten gehört auch die Prüfung, ob ein Untergrund schon belegt werden kann. Entsprechend den Regeln wird ein Zementestrich nach 28 Tagen als belegreif angesehen, wenn die Restfeuchte kleiner als 2 % ist, auch schon früher. Für einen Anhydritestrich wird eine Restfeuchte kleiner als 0,5 % vorausgesetzt. Geprüft werden kann die Restfeuchte mit einem Digitalen oder CM-Messgerät. Da Ihnen unter Umständen ein solches Messgerät nicht zur Verfügung steht, hier eine alternative Methode der Feuchtigkeitsprüfung. Legen Sie eine ca. 1 m² große Folie auf den Estrich und kleben Sie diese mit Klebestreifen an. Nach 24 Stunden betrachten Sie die Unterseite der Folie. Ist

die Folie feucht, kann der Estrich noch nicht mit Fliesen belegt werden. Vorsicht: Mit dieser Methode kann nur eine sehr grobe Einschätzung der Feuchtigkeit erzielt werden. Beide Informationen gelten nur für neue Böden ohne Fußbodenheizung. Bei vorhandener Fußbodenheizung muss zusätzlich ein Heizprotokoll (s. Seite 11) ausgeführt werden. Der Estrich wird dabei in gleichmäßigen Schritten auf Höchsttemperatur aufgeheizt, hält diese einige Tage und wird dann in gleichen Schritten wieder abgekühlt. Neue Heizungsanlagen verfügen über eine Automatik für diesen Vorgang.

Nun zu den eigentlichen Vorarbeiten. Beseitigen Sie alle Verunreinigungen wie Mörtelspritzer und Farbreste. Fegen Sie den Boden gründlich ab. Den Randdämmstreifen bei neuen Böden nicht abschneiden. Je nach Untergrund müssen Sie nun mit einem geeigneten Material den Boden grundieren. Haben Sie einen schwierigeren Untergrund (z. B. Anhydritestrich) oder legen Sie Wert auf Gewährleistung, sollten Sie immer nur Produkte eines Herstellers verwenden.

Estrich mit Randdämmstreifen. Den Randdämmstreifen erst abschneiden, wenn die Arbeiten (Fliesen kleben und verfugen) abgeschlossen sind.

Der Fliesenkleber

Die Auswahl des Fliesenklebers hängt von drei Faktoren ab: vom Fliesenscherben, vom Untergrund und von der Bewegungsfähigkeit der Fläche.

Die am häufigsten verwendeten Bodenfliesen haben einen härter gebrannten Scherben, der wenig Wasser aufnehmen kann. Für eine fachgerechte Verlegung ist hier ein Flexkleber erforderlich. Noch eine Besonderheit gibt es, die Sie beachten sollten. Viele Bodenflächen werden direkt oder indirekt der Bestrahlung durch die Sonne ausgesetzt sein. Diese erfolgt nicht gleichmäßig auf die gesamte Fläche, sondern in der Regel werden nur Teilflächen von der Sonne beschienen.

Daraus ergibt sich, dass innerhalb der Flächen unterschiedliche Temperaturen herrschen, die wiederum zu abweichenden Ausdehnungen führen.

Verwenden Sie deshalb immer Flexkleber bei Verlegung von Bodenfliesen.

+15° C

+65° C

Unterschiedliche Temperaturen eines Fliesenbelags im Innenbereich

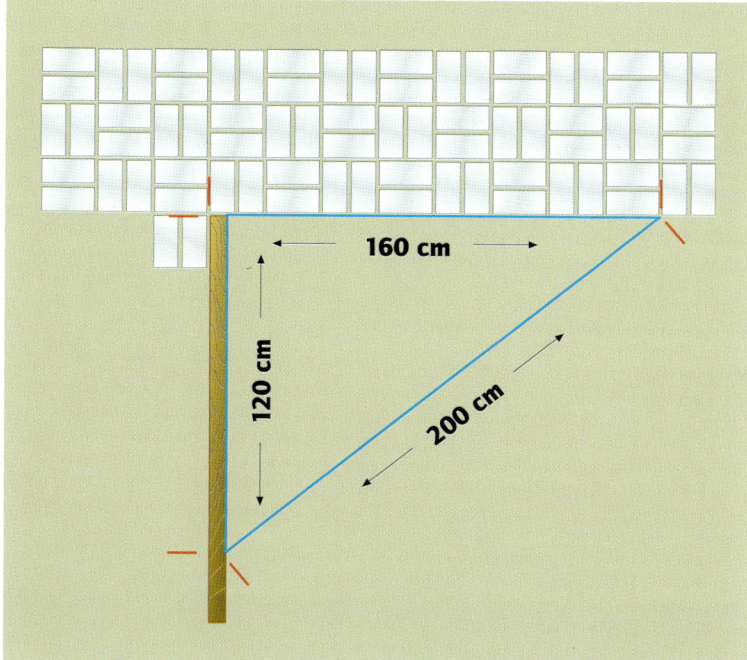

Der rechte Winkel kombiniert mit 120 cm, 160 cm und 200 cm Wandlänge

Der rechte Winkel

Um die Einteilung für die Fliesen vornehmen zu können, müssen zuerst die Wände dahingehend überprüft werden, ob diese im rechten Winkel zueinander stehen. Herkömmliche Winkel haben meist zu kurze Schenkel. Besser geeignet sind daher zwei lange Richtlatten, die Sie an den im Winkel zueinander stehenden Wänden anlegen. Messen Sie an einer Richtlatte von der Ecke nach außen 120 cm ab und markieren Sie dies mit einem Strich auf dem Boden. An der anderen Richtlatte messen Sie dann von innen nach außen 160 cm ab.

Legen Sie nun einen ausgeklappten Zollstock (200 cm) an einer Seite direkt an Richtlatte und Markierung an. Stehen die beiden Wände im rechten Winkel, so liegt Ihr Zollstock auch an der anderen Richtlatte und Markierung an. Wenn nicht, verändern Sie die Lage der Richtlatten entsprechend. Nur zur Sicherheit sollten Sie auch die Strecken 120 cm, 160 cm und 200 cm kontrollieren. Die Länge der Richtlatten spielt hierbei eine

große Rolle, denn je länger die Latten sind, umso genauer wird das Messergebnis.

Alternativ können Sie auch eine andere Methode anwenden. Legen Sie provisorisch in jede Raumecke eine Fliese. Nehmen Sie nun vier Paar Fliesenansetzecken nebst Gummi in den entsprechenden Längen und spannen an jeder Strecke eine Gummischnur. Sie können dann, wie zuvor beschrieben, Ihre Messpunkte festlegen und kontrollieren. Der Vorteil dieser Vorgehensweise ist, dass Sie die gesamten Längen der Wände berücksichtigen.

Kleberauftrag und Auslegen

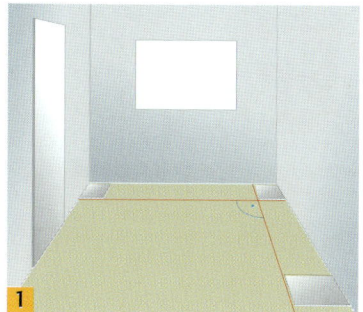

Provisorisches Auslegen der Eckfliesen und Ermittlung des rechten Winkels

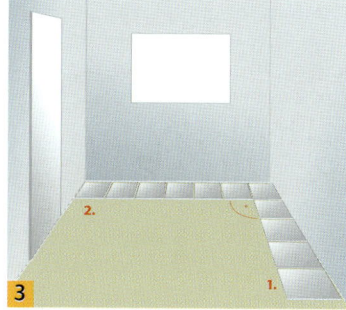

Nach dem Auslegen der ersten Fliesen den Winkel nochmals kontrollieren.

Einteilungsregel für Bodenfliesen

Für Bodenbeläge gelten dieselben Einteilungsregeln wie für Wandfliesen. Ein gelungenes, optisch einwandfreies Aussehen erreichen Sie auch hier durch symmetrische Einteilung. Sie liegen im Grunde richtig, wenn Sie die Flächen in beiden Ausdehnungen einteilen.

Symmetrische Einteilung einer langen Bodenfläche. Teilstreifen entstehen gegebenenfalls nur entlang der Hauptwände.

Besondere Verlegemuster, wie Diagonalverlegung, erfordern sowieso eine symmetrische Einteilung.

Einteilungen werden immer von den Hauptwänden ausgehend vorgenommen, wobei Nischen und Türleibungen nicht berücksichtigt werden.

Bei sehr großen Bodenflächen kann auch asymmetrisch vorgegangen werden. Vergewissern Sie sich jedoch, dass ein gegebenenfalls entstehender Teilstreifen breiter als die Fliesenhälfte ist.

Die erste Fliesenreihe

Legen Sie von der Mittelachse eine Reihe Fliesen provisorisch (ohne Fliesenkleber) aus. Die Mittelachse liegt dabei entweder in der Fugen- oder in der Fliesenmitte. Wird der Boden mit zweiachsiger Symmetrie ausgeführt, wird auch die Querrichtung ausgelegt. Auf diese Weise erhalten Sie die Streifenbreiten entlang den Wänden.

Die Teilfliese wird bis an den vorhandenen Randstreifen verlegt. Fehlende Randstreifen sollten Sie durch ein Provisorium von ca. 8 bis 10 mm (z. B. Kartonstreifen) ersetzen. Dieser Randabstand erfüllt zwei Funktionen: Zum einen dient er als Dehnausgleich, zum anderen verhindert er Schallbrücken.

Bei größeren Strecken ist die Methode durch Auslegen etwas umständlich. Darum hier die Möglichkeit, die Teilstreifen auch rechnerisch zu ermitteln. Messen Sie eine Strecke von Wand zu Wand, ziehen Sie 2 cm für den

Fliesenberechnung

Wandlänge 627 cm
Fliesengröße 25 cm
Fuge 5 mm

Asymmetrisch:
627 cm − 2 cm = 625 cm
625 cm : 25,5 cm = 24,51 St.
0,51 x 25,5 cm = 13 cm

Ergebnis:
24 ganze Fliesen und
1 Teilstreifen à 13 cm

Symmetrisch:
627 cm − 2 cm = 625 cm
625 cm : 25,5 cm = 24,51 St.
24,51 St. − 23 St. = 1,51 St.
1,51 x 25,5 cm = 38,5 cm
38,5 cm − 0,5 cm (Fuge) =
38 cm
38 cm : 2 = 19 cm

Ergebnis:
23 ganze Fliesen und
2 Teilstreifen à 19 cm

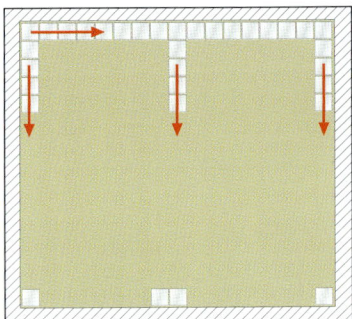

Eine Erleichterung für große Flächen: Parallel zu den Wänden rechts und links eine oder mehrere Reihen auslegen. Die Verlegeflächen werden dadurch überschaubarer.

Randabstand ab und teilen Sie den neuen Wert durch das Fliesenmaß inklusive einer Fuge. Beginnen Sie mit der ersten Fliesenreihe an der Wand, die am weitesten von der Tür entfernt liegt, und legen Sie Reihe um Reihe. Arbeiten Sie in Richtung Tür zurück, denn ein frisch geklebter Fliesenbelag darf nicht betreten werden.

Auch wenn Sie die Streifenbreite ermittelt haben, schneiden Sie nie zu viele Teilstreifen auf einmal. Unregelmäßigkeiten im Wandverlauf können Sie am besten dadurch auffangen, dass Sie jeden Teilstreifen messen und schneiden.

Kratzen Sie nach jeder verlegten Reihe sofort die Fugen aus. Der Fliesenkleber wird auch hier mit einem Glätter aufgetragen und dann mit einem Zahnspachtel abgezogen. Die Zahnung sollte 8 bis 10 mm betragen. Sie erhalten damit eine Vernetzung von ca. 65 %.

Ist eine hohlraumfreie Verlegung erforderlich, z. B. für Punktlasten (wie bei Stuhlrollen), ist die kombinierte Verlegemethode (s. Seite 15) erforderlich oder Sie verwenden Fließbettkleber.

Im Boden vorhandene Dehnungsfugen oder Scheinfugen müssen übernommen werden. Scheinfugen sind die Kellenschnitte im Estrich, anzutreffen in jedem Türbereich.

1

Übernehmen der kurzen Wandfläche als Verlegelinie und Markierung

2

Auftragen des Klebers

3

Entfernen der Markierung

4

Verlegen der ersten Fliesen entlang der Markierung

5

Erforderliche Zuschnitte sofort mit dem Fliesenschneider ausführen.

Die erste Fliesenreihe verlegen

Nach erfolgter Einteilung des Bodens wird der Kleber nach Herstellervorgaben angerührt, nach der Reifezeit aufgetragen und mit einem Zahnspachtel durchgekämmt.

Entlang der Markierung wird die erste Fliesenreihe verlegt. Kontrollieren Sie, ob ausreichend Kleber aufgetragen wurde.

6

Kontrolle, ob ausreichend Kleber für eine gute Vernetzung aufgetragen wurde.

7

Stufenförmige Verlegung (nur für Geübte zu empfehlen). Dennoch: Selbst kleinste Abweichungen können sich zu erheblichen Differenzen summieren.

Die Diagonalverlegung

Eine besonders gelungene optische Gestaltungsmöglichkeit ist die Diagonalverlegung besonders dann, wenn mit einem umlaufenden Fries (Ausgleichstreifen) gearbeitet wird. Der Fries ist dabei an gegenüberliegenden Seiten gleich breit. Wie auf den Seiten 41 bis 43 dargelegt, benötigen Sie auch hier den Raummittelpunkt mit den beiden Mittelachsen. Legen Sie die Fliesen provisorisch an diesen Achsen aus. Der Raummittelpunkt liegt dabei entweder in der Fliesenmitte oder in einem Fugenkreuz. Legen Sie das Ganze so weit aus, bis Sie am Rand die Breite des Frieses ermitteln können. Der Teilstreifen sollte größer als eine halbe Fliese sein. Die diagonal verlegte Innenfläche

besteht aus ganzen Fliesen und diagonal geschnittenen halben Fliesen.

Auch hier ein Beispiel zur rechnerischen Ermittlung. Beachten Sie jedoch, dass die Diagonale inklusive einer Fuge das Teilungsmaß ergibt. Die Diagonale können Sie leicht mit dem Faktor 1,414 ($\sqrt{2}$) errechnen. Die Friesbreite wird dabei vorerst mit der maximalen Fliesenbreite angenommen.

Womöglich vermissen Sie hier den Abzug für die Fuge. Durch die Rundung und damit die rechnerische Ungenauigkeit ergeben sich Differenzen. Es ist daher vorteilhaft, den Fries zunächst nur für eine Seite zu schneiden, die zweite Seite ergibt sich automatisch und meistens mit leichten Abweichungen.

Fliesenberechnung

Wandlänge 627 cm
Fliesengröße 25 cm
Fuge 5 mm
Diagonale 36,1 cm

25,5 cm x 1,414 = 36,1 cm
(Diagonale inkl. Fuge)
627 cm − 2 cm = 625 cm,
625 cm − 50 cm = 575 cm
575 cm : 36,1 cm = 15,93 St.
16 St. x 36,1 cm = 577,6 cm
625 cm − 577,6 cm =
47,4 cm
47,4 cm : 2 = 23,7 cm

Ergebnis:
16 ganze Fliesen und
2 Teilstreifen à 23,7 cm

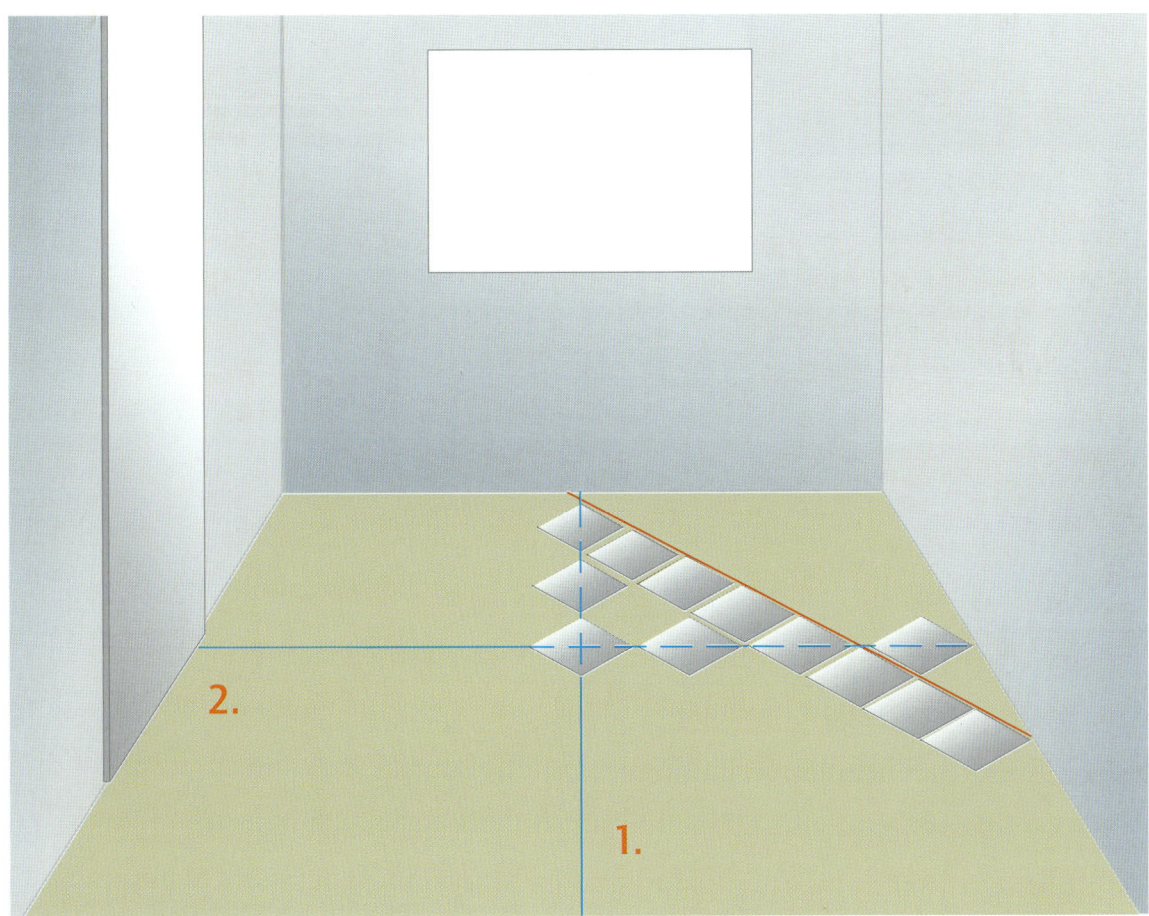

Längs- und Querachse treffen sich im Raummittelpunkt. An den eingezeichneten Achsen lassen sich die Fliesen hervorragend auslegen.

In den meisten Fällen wird sich
der Raummittelpunkt in der Fliesenmitte oder in einem Fugenkreuz befinden. Daraus ergeben
sich zwei verschiedene Flächen-
einteilungen. Beachten Sie, dass
auch der Fries eingeteilt wird.

Der Raummittelpunkt liegt in der
Fliesenmitte. Die diagonal verlegte Fläche endet mit halben und
ganzen Fliesen. In den Ecken befinden sich halbe Fliesen.

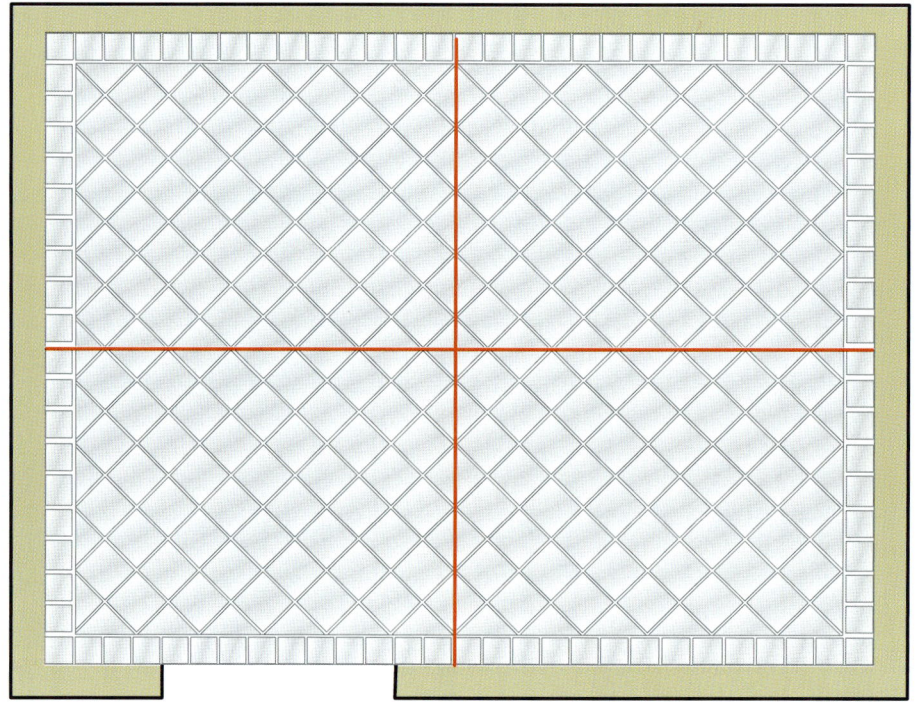

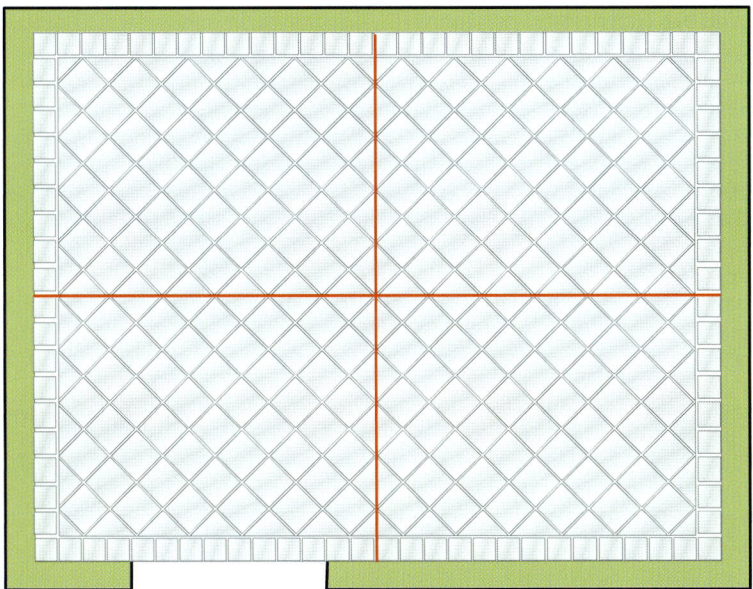

Der Raummittelpunkt liegt in einem Fugenkreuz. Die diagonal verlegte Fläche endet mit ganzen und halben Fliesen. In den Ecken befinden sich Viertelfliesen.

Die Besonderheit ist, dass mit dieser Variante auch eine Schachbrettverlegung möglich ist.

Verfugen von Bodenfliesen

Nach ca. 24 bis 48 Stunden können Sie den Boden verfugen, beachten Sie hierfür die Vorgaben des Herstellers. Fegen Sie den Boden ab und saugen Sie die Fugen aus. Verunreinigungen können zu Farbveränderungen der Fuge führen. Rühren Sie die Fugenmasse (meistens Fugenschlämmmörtel) nach Herstellerangaben mit sauberem Wasser klumpenfrei an.

Wird der Fugenmörtel mit Bohrmaschine und Rührquirl angerührt, die Bohrmaschine langsam laufen lassen und mit dem Rührquirl nur getaucht rühren. So wird keine Luft untergemischt und es entstehen keine Luftbläschen im Mörtel. Bei kleineren Flächen können Sie den Fugenmörtel mit einem Fugbrett verarbeiten. Für größere Flächen ist ein Moosgummiabzieher besser geeignet.

Beginnen Sie mit kleinen Flächen, damit Sie Ihren Arbeitsrhythmus finden. Drei Arbeitsschritte laufen zügig nacheinander ab: Verfugen, Waschen und Trockenputzen. Die nachstehenden Abbildungen veranschaulichen Ihnen diese Schritte. Es empfiehlt sich bei dieser Arbeit immer Gummihandschuhe zu tragen. Längerer Kontakt der Haut mit Fugenmörtel und Waschwasser führt zu Reizungen und Schädigungen der Haut.

1

Anrühren des Fugenmörtels mit Bohrmaschine und Rührquirl

3

Den Fugenmörtel mit einem Moosgummiabzieher gleichmäßig in die Fugen einarbeiten.

Der Fugenmörtel wird diagonal zur Fuge eingebracht. Im ersten Arbeitsgang werden die Fugen gefüllt, im zweiten Arbeitsgang wird überschüssiges Material abgezogen. Sobald der Fugenmörtel auf der Fliesenoberfläche trocknet, zu erkennen an einem hellen Zementschleier, müssen Sie mit den Waschgängen beginnen. Waschen Sie noch verbliebene Reste ab und glätten Sie dabei gleichzeitig die Fuge auf gleichmäßige Breite. Der Schwamm ist nur mäßig nass.
Im zweiten Waschgang arbeiten Sie parallel zur Fuge und ziehen die Oberfläche sauber. Den Schwamm gut ausdrücken.
Zu guter Letzt gilt es noch, die Fliesen trockenzuputzen. Wiederholen Sie diesen Vorgang so oft, bis kein Zementschleier mehr auf den Fliesen ist.

2

Den Fugenmörtel behutsam auf den Boden schütten.

4

Überschüssiges Fugenmaterial
abziehen.

Es ist auch möglich, nach dem ersten Fugvorgang den Belag mit trockenem Fugenmörtel abzupudern. Trockenes Fugenmaterial wird dünn verteilt, gepudert, und zusammengefegt. Hierdurch wird dem Fugenmörtel überschüssige Feuchtigkeit entzogen. Die Herstellerangaben weisen darauf hin, ob diese Vorgehensweise möglich ist. Ist kein entsprechender Hinweis enthalten oder dies explizit ausgeschlossen, sollten Sie keinesfalls

pudern. Dann ist der Fugenmörtel schnell härtend ausgerüstet und das Pudern beschleunigt die Schnellhärtung. Nach dem Verfugen können Sie den Randstreifen abschneiden oder das Provisorium entfernen. Die fertig verfugte Fläche halten Sie über einen Zeitraum von drei Tagen feucht. Zwei- bis dreimal am Tag die Fläche gleichmäßig anfeuchten. Die Fuge bekommt dadurch Feuchtigkeit zum Aushärten, wird also fester.

5

Den Boden abwaschen.

6

Bei einsetzender Trocknung, mit
Handprobe überprüfen, ...

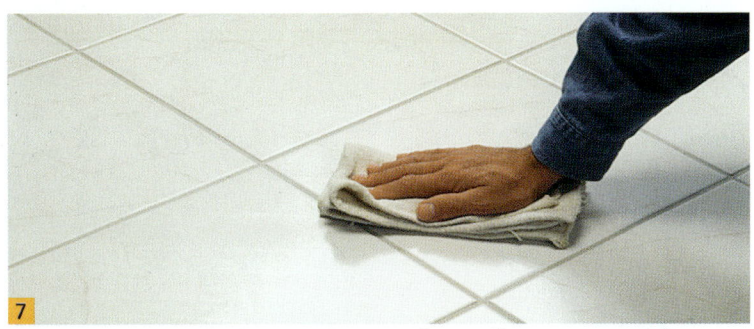

7

... muss der Boden mit einem trockenen Tuch von allen Resten gereinigt
werden.

45

Die Sockelfliesen

Nach Aushärtung der Fuge, frühestens nach 24 Stunden, können Sie die Sockelfliesen ansetzen. Sockelfliesen übernehmen den Fugenschnitt der Bodenfliesen, wenn sie die gleiche Kantenlänge wie die Bodenfliesen haben. Unterlegen Sie die Sockel und achten Sie darauf, dass Fliese und Kleber keinen Kontakt zum Bodenbelag bekommen. Verwenden Sie zum Unterlegen keine Holzprodukte, durch die Feuchtigkeit würden diese aufquellen und nur schwer zu entfernen sein. Verfugt werden die Sockelfliesen mit dem Fugenmörtel. Nach ausreichendem Austrocknen kann dann die dauerelastische Fuge zwischen Sockel und Bodenbelag eingebracht werden.

Abschließend noch einige Tipps zur Verlegung angrenzender Räume. Sollten Sie nicht nur einen, sondern mehrere Räume verfliesen, müssen Sie raumübergreifend arbeiten. Einteilungsregeln lassen sich gut für Einzelflächen anwenden, sind für zusammengesetzte Flächen, vor allem wenn Fliesen durchgehend verlegt werden, aber nur wenig geeignet. Legen Sie den Raum fest, der den optischen Regeln entsprechen soll, und teilen Sie diesen ein. Alle anderen Räume ergeben sich zwangsläufig. Dabei werden, was nicht zu vermeiden ist, auch schmalere Streifen entstehen. Günstig ist immer, Kompromisse zu finden, die allen Anforderungen einigermaßen gerecht werden.

Bei diagonal verlegten Fliesen mit Fries entsteht dieses Problem nicht, da alle Flächen separat betrachtet und eingeteilt werden. Fries und Türleibungen (die wie der Fries verlegt werden) trennen die Diagonalflächen.

Bodenfliesen im Außenbereich

Fliesen im Außenbereich sind extremen Belastungen durch Witterungseinflüsse ausgesetzt. Dazu zählen Frost, Feuchtigkeit und Hitze. Die Wechselwirkung von Kälte und Hitze hält Fliese, Fuge, Kleber und Untergrund in „Bewegung".

Da das Ausdehnungsverhalten der Materialien unterschiedlich ist, entstehen Spannungen, die bis zum Ablösen der Fliese führen können. Falsche Materialwahl oder Verlegung ist ein Grund für Schäden an Fliesen im Außenbereich. Risse können entstehen, Wasser kann eindringen und der nächste Frost seine vernichtende Wirkung entfalten.

Wandbeläge im Außenbereich

Untergründe müssen trocken, fest und frei von Verunreinigungen sein. Behandeln Sie den Untergrund entsprechend vor (s. Seite 10 ff.). Streichen Sie den Untergrund dann mit Tiefgrund. Verwenden Sie nur Flexmörtel und Flexfuge. Den Fliesenkleber mit der kombinierten Verlegemethode (Buttering, Floating; s. Seite 15) auftragen. Die Verlegung muss hohlraumfrei sein. Sie können den Materialien auch Dichtungsmittel zusetzen. Beachten Sie dennoch, dass die hohlraumfreie Verlegung dadurch

nicht vernachlässigt werden darf. Dichtungsmittel bieten einen weitergehenden Schutz, machen die Mörtel jedoch nicht wasserdicht. Glasierte Fliesen und Platten und unglasierte Fliesen mit glatter Oberfläche können Sie, wie im Kapitel Wandfliesen beschrieben, verfugen. Unglasierte Fliesen müssen mit einem Fugeisen verfugt werden. Beachten Sie, dass warme und windige Tage Abbindung und Trocknen von Kleber und Fugenmörtel beschleunigen. Wandflächen sollten dann vorgenässt werden. Nach der Verfugung, bereits am gleichen Tag, müssen die Beläge mindestens drei Tage feucht gehalten werden.

Fliesenarbeiten im Außenbereich

Meist besteht der Untergrund aus Beton oder Estrich. Beton sollte mindestens sechs Monate geruht haben, bevor Sie Fliesen darauf verlegen. Wie bereits dargelegt (s. Seite 10/11), den Untergrund prüfen und entsprechend vorbereiten. Darüber hinaus auf ein ausreichendes Gefälle des Untergrunds achten. Mindestens 2 % sind erforderlich, d. h. auf einer Strecke von 1 m muss der Höhenunterschied 2 cm betragen. Stehendes Wasser, wie auch Wasser, das nicht schnell genug ablaufen kann, führt auch bei fachgerechter Verlegung zu Schäden. Behandeln Sie den Untergrund mit Tiefgrund. So festigen Sie den Untergrund, machen ihn staubfrei und erreichen eine bessere Klebeverbindung. Haftvoranstrich ist für ältere Untergründe, gleich ob Estrich oder Beton, besser geeignet. Auf älteren Böden setzt sich im Laufe der Zeit neben Schmutz vor allem auch Fett ab. Letzteres wirkt wie eine Trennschicht. Reinigen Sie daher zuvor den Boden mit geeigneten, im Fachhandel erhältlichen, Mitteln.

Die Materialauswahl

Als Bodenbeläge werden an Fliesen und Platten im Außenbereich besondere Anforderungen gestellt. Unterscheiden Sie Beläge, die nur Sie oder Ihre Familie begehen (Terrassen und Balkone) und Beläge, die auch durch fremde Personen begangen werden (Hauseingänge und Zugangswege). Im Hinblick auf den häuslichen Bereich werden keinerlei Auflagen gemacht und Sie sind in Auswahl, speziell der Oberflächen, nicht eingeschränkt. Sollten auch fremde Personen Zugang haben, unterliegen Sie der Verkehrssicherungspflicht. Sie müssen durch eine geeignete Auswahl der Oberfläche gewährleisten, dass Unfälle möglichst vermieden wer-

den. Es lohnt sich daher, die eigene Versicherung zu fragen, welche Auflagen zur Trittsicherheit gemacht werden. Unabhängig davon schützen Sie sich selber auch. Meistens erfüllen Fliesen der Rutschfestigkeitsgruppen R 9 oder R 10 schon die Auflagen. Um sicherzugehen, sollten Sie vom Händler einen entsprechenden Nachweis anfordern. Die Prüfung wird durch das Berufsgenossenschaftliche Institut für Arbeitssicherheit (BIA, Prüfung erst ab R 10) vorgenommen, das dazu auch einen Prüfbericht erstellt.

Im Hinblick auf eine fachgerechte Verlegung werden häufig die Abhängigkeiten von Fliesengrößen, -farben und -verlegearten im Außenbereich vernachlässigt. Die Fuge hat dabei die Aufgabe, entstehende Spannungen aufzunehmen und auszugleichen. Je größer eine Fliese ist, desto geringer wird der Fugenanteil in der Fläche. Verstärkt werden kann dieser negative Effekt zusätzlich durch schmale Fugen. Sie sind gut beraten, wenn die Fliesengröße ca. 25 cm nicht überschreitet und die Fugen breiter sind als im Innenbereich. Zusätzliche Sicherheit erhalten Sie, wenn quadratische Fliesen mit Kreuzfuge (die Längs- und Querfugen

sind durchgehend) verlegt werden. Außerdem ist es bei dieser Verlegung leichter, Feldgrößen für Dehnungsfugen abzugrenzen. Auch über die Farben der Fliesenoberflächen können Sie weitere Schadensminimierung betreiben. Dunkle Farben speichern besser Wärme (dehnen sich stärker aus), helle Oberflächen reflektieren besser. Suchen Sie einen vernünftigen Kompromiss der sowohl Ihrem persönlichen Geschmack wie auch den fachlichen Anforderungen möglichst gerecht wird. Setzen Sie nur Flexkleber und Flexfugmaterial ein, da diese entstehende Bewegungen ausgleichen können. Herkömmliche Fliesenkleber müssen nach der kombinierten Verlegeart (s. Seite 15) angewendet werden. Alternativ dazu bieten die Hersteller auch Fließkleber an. Diese Kleber haben die Eigenschaft, sich unter der Fliese so zu verteilen, dass Hohlräume gefüllt werden. Bei einem stärkeren Gefälle als 2 % besteht allerdings die Gefahr, dass Fließbettkleber auch in Richtung Gefälle verlaufen. Unter Umständen müssen Sie den Fließkleber etwas fester anrühren, wodurch dessen Fließfähigkeit vermindert wird, oder auf herkömmlichen Flexkleber ausweichen.

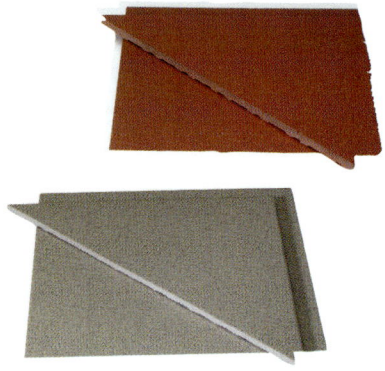

Selbst bei sehr sorgfältiger Arbeit ist nicht auszuschließen, dass Feuchtigkeit in den Untergrund eindringt. Die Industrie hat für diesen Zweck Drainagematten entwickelt, wodurch eindringendes Wasser in kleine Kanäle geleitet und zur Entwässerung abgeleitet wird. Diese Systeme werden als Komplettsysteme angeboten, d. h., dass auch Formteile für Randabschlüsse zur Verfügung stehen. Der Aufbau mit Drainagematten setzt etwas mehr Aufbauhöhe voraus. Ungefähr 5 bis 10 mm müssen Sie einplanen, die genauen Höhen sollten Sie den Herstellerangaben entnehmen.

Auf jeden Fall ist vor dem Einbringen der Drainagematten oder bei herkömmlicher Verlegung eine alternative Abdichtung einzubringen. Achten Sie darauf, dass diese Abdichtung für außen geeignet ist. Das Dichtband in den Ecken zu aufsteigenden Wänden anbringen.

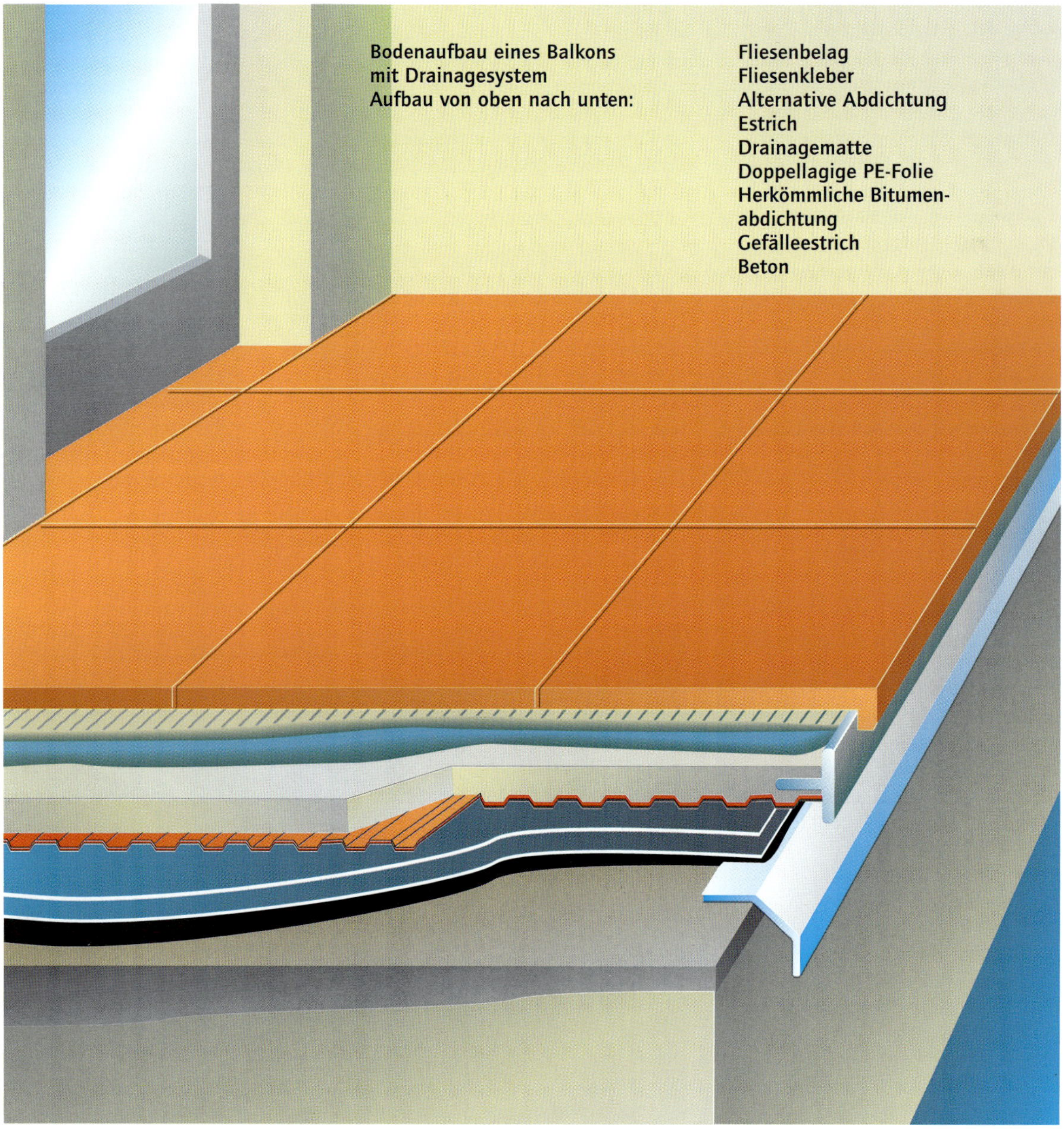

Bodenaufbau eines Balkons mit Drainagesystem
Aufbau von oben nach unten:

Fliesenbelag
Fliesenkleber
Alternative Abdichtung
Estrich
Drainagematte
Doppellagige PE-Folie
Herkömmliche Bitumenabdichtung
Gefälleestrich
Beton

1

Vorbereitung der Bodenfäche mit einer alternativen Abdichtung

2

Auftragen des Fliesenklebers

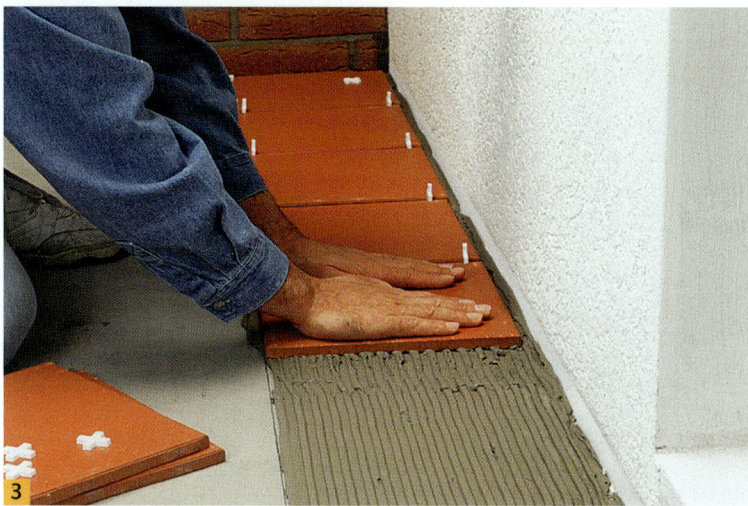

3

Verlegen der ersten Fliesen

Flieseneinteilung

Wie bereits dargestellt, ist die symmetrische Einteilung die zu bevorzugende Art der Verlegung. Bei Terrassen ist jedoch auch eine asymmetrische Einteilung möglich. Im Blickpunkt dieser Einteilung liegt hier der Fliesenabschluss zum Garten hin. Um diesen gut herauszustellen, empfiehlt es sich, mit ganzen Fliesen vom Rand (oder Randabschluss, wenn Sie den Rand mit anderen Fliesen gestalten) in Richtung Hauswand zu arbeiten. Ein Teilstreifen fällt am Hausanschluss weniger auf.

4

Auftrag für die nächste Reihe

5

Kontrolle hohlraumfreier Verlegung

6

So kann es dann aussehen.

Verfugen und Imprägnieren

Je nach Fugenbreite kommt Fugen-schlämmmörtel oder Fugenbreit zum Einsatz. Mischen Sie das Material gemäß Herstellerangaben an und verteilen Sie es mit einem Fliesenwischer diagonal zur Fuge. Im Belag vorhandene Dehnungsfugen sollten Sie zuvor mit Schaumstoffstreifen oder Kartonstreifen schließen. Wie bereits dargelegt (s. Seite 27), folgen zwei Waschgänge und das Trockenputzen des Belages. Warme oder windige Tage verkürzen die Trockenzeiten der Fugen. Die Fliesen in den nächsten drei Tagen zwei- bis dreimal am Tag feucht abwischen.

Besonders bei raueren Oberflächen kann es vorkommen, dass sich nicht alle Zementreste entfernen lassen und ein feiner Zementschleier zurückbleibt. Versuchen Sie es zuerst mit bewährten Hausmitteln wie Schmierseife und Schrubber. Sollte dies nicht erfolgreich sein, dann erst setzen Sie Zementschleierentferner ein. Zu diesem sollten Sie jedoch frühestens nach 14 Tagen greifen. Wässern Sie die Fläche, damit die Fuge genug Wasser aufnimmt und nicht so stark mit dem Zementschleierentferner reagiert. Wenden Sie die Chemikalie gemäß Herstellerangaben an, wobei Sie diese zunächst an einer unauffälligen Stelle ausprobieren. Benutzen Sie keinesfalls Salzsäure oder ähnliche Flüssigkeiten. Die Fugen würden irreparabel geschädigt. Nach dem Reinigungsvorgang müssen Sie den Belag mit viel klarem Wasser abwaschen.

1

Imprägnierung auftragen und ...

2

... gleichmäßig verteilen.

3

Mit einem sauberen und trockenen Tuch nacharbeiten.

Weitergehende Sicherheit können Sie durch einen farblosen Anstrich erreichen. Mit diesem Material, das ganzflächig aufgetragen wird, geben Sie den Fliesen Schutz gegen Verschmutzung und den Fugen eine Oberflächenversiegelung gegen Feuchtigkeit.

Dehnungsfugen

Dehnungsfugen nehmen die Spannungen der angrenzenden Flächen auf und verhindern Rissbildung. Üblicherweise wird Silikon verwendet. Abhängig vom Raum oder der Fläche stehen Ihnen zwei Ausführungen zur Verfügung: Bausilikon und Sanitärsilikon. Sanitärsilikone

unterscheiden sich von herkömmlichen Silikonen durch flüchtige Inhaltsstoffe. Diese verhindern eine gewisse Zeit (siehe Herstellerangaben) die Entwicklung von Schimmelpilzen und Stockflecken. Sanitärsilikone werden in Küchen und Bädern eingesetzt.

Silikon altert, deshalb sind Dehnungsfugen Wartungsfugen. Die mittlere Lebensdauer liegt, u. a. abhängig von der Pflege, bei ca. 4 bis 6 Jahren.
Die Kartuschenspitze immer schräg abschneiden. Je weiter unten abgeschnitten wird, desto größer wird die Silikonfuge. Besser nur wenig abschneiden und gegebenenfalls den Auftrag korrigieren.
Zwei interessante Produkte sind essigvernetzende und wasservernetzende Silikone. Beide unterscheiden sich sowohl durch den Geruch als auch durch die Verarbeitung.
Essigvernetzende Silikone werden mit Prilwasser geglättet, während der Arbeit ist auf gute Belüftung zu achten. Wasservernetzende

1 Kanten für einen sauberen Abschluss mit Klebestreifen abkleben.

4 Kartuschenspritze mit stetem Druck an der Fuge entlangführen.

2 Kartuschenkappe abschneiden.

5 Überschüssiges Material entfernen.

7 Die Oberfläche glätten.

3 Kartuschenspitze schräg abschneiden.

6 Essigvernetzendes Silikon mit Prilwasser, wasservernetzendes Silikon mit reinem Wasser einsprühen.

8 Klebestreifen entfernen und die Fuge evtl. nacharbeiten.

Silikone entwickeln keine Geruchs-
belästigung und dürfen nur mit
klarem Wasser behandelt werden.
Eine Besonderheit müssen Sie bei
Natursteinen beachten. Verwenden Sie nur für Naturstein zu-
gelassene Silikone. Auch dann,
wenn Fliesen und Naturstein zu-
sammentreffen. Herkömmliche
Silikone führen bei Natursteinen
zu hässlichen Randverfärbungen.

Dehnungsfugen im Innen-
bereich

Innenecken von Wandflächen,
Wandanschlüsse zu Bodenflächen,
Übergänge von Wänden zu Wanne oder Duschtasse und Bodenflächen zu angrenzenden Räumen
müssen dauerelastisch geschlossen werden.
Die Dehnungsfugen ermöglichen
den gefliesten Flächen, je nach
Material und Flächengröße, eine
Ausdehnung bis zu mehreren Mil-
limetern. Risse werden dadurch
vermieden.
So genannte Kellenschnitte im
Boden, hauptsächlich an Türen,
müssen an diesen Stellen übernommen werden. Werden diese
überfliest, kommt es über kurz
oder lang zu Rissen.
Die Arbeitsschritte finden Sie in
den folgenden Abbildungen. Beginnen Sie am besten an unauffälligen Stellen. So können Sie
Ihre Arbeitstechnik überprüfen
und gegebenenfalls ändern.

Dehnungsfugen im Außen-
bereich

Während Dehnungsfugen im Innenbereich meistens nur geringere Bewegungen des Untergrundes
aufnehmen müssen, sind die Dehnungsfugen im Außenbereich
wesentlich größeren, auch thermi-
schen Belastungen ausgesetzt.
Deshalb dürfen zusammenhängende Flächen nie zu groß ange-
legt werden. Darüber hinaus müssen die Dehnungsfugen richtig
angeordnet werden. Nach dem

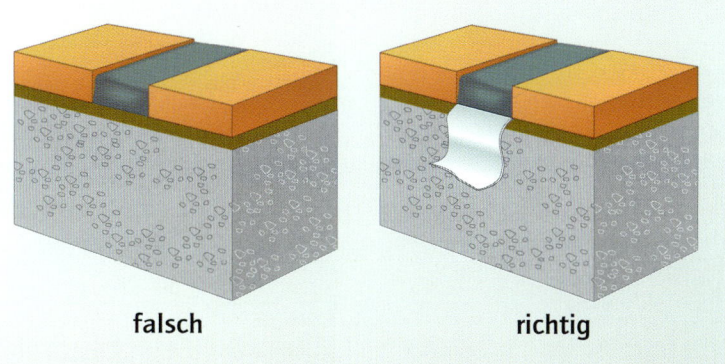

falsch　　　　**richtig**

**Bei niedrigen Fugen einen Papierstreifen einlegen, damit das Silikon nur an
den Fliesenkanten haftet.**

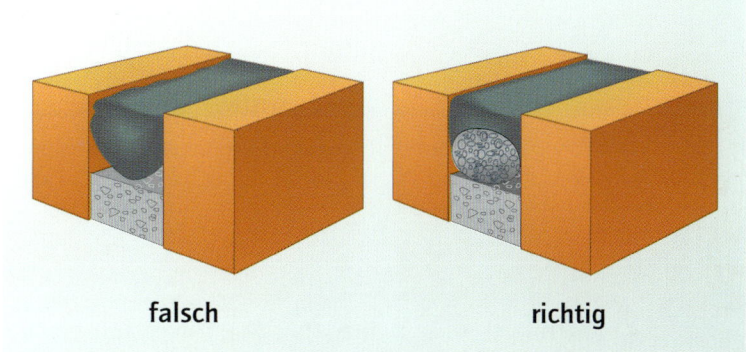

falsch　　　　**richtig**

**Tiefe Fugen dürfen nicht mit Silikon aufgefüllt werden. Verwenden Sie
hierfür Dichtschnüre.**

derzeitigen Stand der Technik
dürfen die zusammenhängenden
Flächen nicht größer als 6 m^2
sein.
Geringere Kantenlängen der
Fliesen, breitere Fugen und die
Verlegung mit Kreuzfuge geben
größtmögliche Sicherheit gegen
Rissbildung im Fliesenbelag. Bei
tieferen Dehnungsfugen (Silikon
kann bis zu einem Fugenquer-
schnitt von 1 cm eingesetzt
werden) müssen die Fugen mit
geeigneten Materialien gefüllt
werden, z. B. Fugendichtgummi.
Bei weniger tiefen Fugen legen
Sie einen Papierstreifen (z. B.
Luftschlange) ein, damit keine
Haftung zum Untergrund
entsteht.

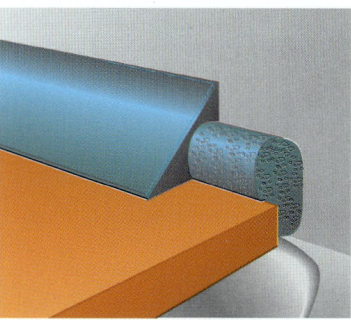

**Detail einer dauerelastischen Wand-
anschlussfuge mit Dämmschnur**

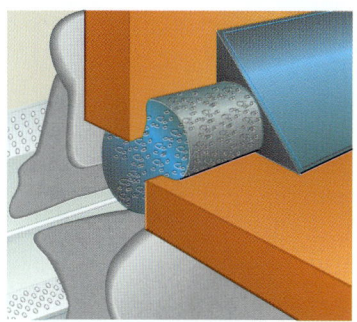

**Anordnungen von Dehnungsfugen
in einem Fliesenbelag außen**

55

Verwenden Sie für die Dehnungsfugen nur Silikon. Verwenden Sie
auch Haftvoranstrich, wenn der
Hersteller diesen zwingend in den
Verarbeitungshinweisen vor-
schreibt. Er gewährleistet eine
intensive Klebeverbindung von
Silikon und Fliese und damit auch
gute Flankenhaftung.

4

Fuge mit Silikon ausspritzen.

1

Ränder abkleben.

2

Gegebenenfalls (siehe Herstelleran-
gabe) wird die Fuge mit Primer
(Voranstrich) vorgestrichen.

5

Überschüssiges Material entfernen und Klebestreifen entfernen.

3

Die Dichtschnur einbringen.

6

Mit Pril- oder Wasser einsprühen.

7

Die Fuge mit dem Finger glätten.

Fliesen auswechseln

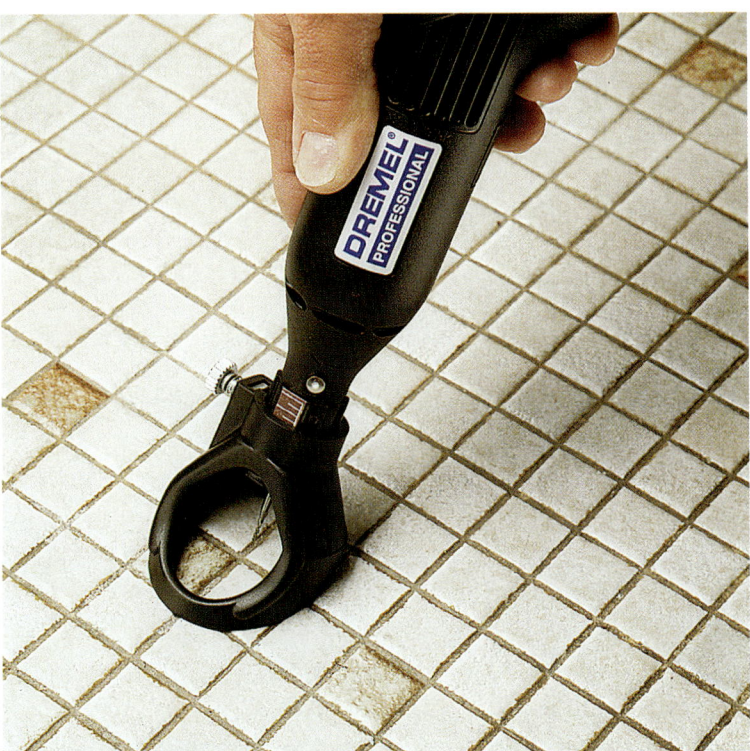

Der Dremel mit einem in der Frästiefe verstellbaren Fräsvorsatz

Zwei Fräsmesser (1,8 mm und 3,2 mm) lassen die Bearbeitung von schmalen und breiten Fugen zu.

Die Noppen am Fräsvorsatz erlauben eine exakte Führung.

Zwar ist dies nie wirklich eingeplant, aber dennoch kann es notwendig sein, dass Fliesen ausgewechselt werden müssen. Ersparen Sie sich die Suche nach der passenden Fliese, indem Sie schon beim Kauf eine kleine Reserve einplanen.

Fehlende Fliesen lassen sich auch übers Internet finden. Bundesweit gibt es eine größere Anzahl von Händlern, die ältere Fliesen vorrätig halten. Um fündig zu werden, benötigen Sie den Hersteller, die Artikelbezeichnung und möglichst auch noch die Brandfarbe der Fliese. Gegebenenfalls hilft es nur, den Händler mit einer Musterfliese aufzusuchen. Sucht der Händler eine Fliese, ist das häufig ein nicht ganz preiswerter Service. Wie kann eine beschädigte Fliese

ausgewechselt werden? Entfernen Sie zunächst die umlaufende Fuge bis zum Mörtel- oder Kleberbett. Sie nehmen damit die Spannung aus dem Belag. Das kann mit einem kleinen Meißel und einem Hammer bewerkstelligt werden. Dazu brauchen Sie vor allem eine ruhige Hand, damit die Nachbarfliesen nicht beschädigt werden.

Alternativ können Sie auch mit einem Dremel und dem entsprechenden Fugenfräsaufsatz arbeiten. Zwei Noppen dienen dabei als Führungshilfe und verhindern eine Beschädigung der Fliesenkanten. Mit seinen Fräsköpfen, erhältlich in unterschiedlichen Breiten, lassen sich auch harte Fugen sehr gut ausfräsen. Einen Einhandwinkelschleifer sollten

Sie tunlichst nicht benutzen. Der Staub ist ein Problem, weitaus schlimmer jedoch sind durch Funkenflug entstehende Einschlüsse auf Fliesen oder anderen Oberflächen. Zudem ist es sehr schwierig, den Winkelschleifer so zu führen, dass es nicht zur Beschädigung der Kanten kommt. Ist die Fuge entfernt, können Sie die Fliese mit Hammer und Meißel herausschlagen. Bei im Mörtelbett gesetzten Fliesen müssen Sie dann noch etwas vom Mörtelbett wegstemmen. Fliesenkleber, bei geklebten Belägen, lässt sich leichter entfernen. Auch hier bietet sich eine Alternative an: ein Elektroschaber. Da nur ein geringer Abtrag erforderlich wird, lässt sich diese Arbeit gut mit einem Elektroschaber erledigen.

Natursteine

Die beiden bekanntesten Materialien, die als Natursteine genannt werden, sind Marmor und Granit. Die Vielfalt an Natursteinen ist jedoch weitaus größer. Eine Aufzählung soll hier jedoch nicht erfolgen. Wichtiger für Sie ist der fachgerechte Umgang mit Natursteinen. Die naturgegebene Zusammensetzung der Steine ist entscheidend dafür, wo die verschiedenen Natursteinarten eingesetzt werden können und welcher Schutz- oder Pflegemaßnahmen sie bedürfen.

Im Gegensatz zu Fliesen haben wir es hier mit kapillaren Materialien zu tun. Farbveränderungen durch Wasser sind während der Verlegung durchaus üblich. Nach dem Austrocknen sind sie allerdings auch wieder verschwunden. Das Problem liegt in der Verwendung geeigneter Klebstoffe und Fugmaterialien. Halten Sie sich unbedingt an die von den Herstellern empfohlenen Produkte. An dieser Stelle kann aufgrund der Vielfalt der unterschiedlichen Steinarten keine Produktempfehlung ausgesprochen werden. Vollflächige, hohlraumfreie Verlegung ist Pflicht. Achten Sie auf sauberes Wasser und ebensolche Werkzeuge. Halten Sie die Fugen absolut sauber. Schon kleinste Verunreinigungen können zu chemischen Reaktionen mit dem Naturstein führen und hässliche Flecken hervorrufen. Schäden, die in den meisten Fällen, aber nicht in allen, nur mit erheblichem Aufwand repariert werden können. Natursteine sind in einer großen Bandbreite an Farben und verschiedenartigen Oberflächen erhältlich. Selbst wenn die Hersteller die Steine vorsortieren, ist dies keine Garantie dafür, dass die Muster des Händlers und die gelieferte Ware völlig identisch sind. Gute Händler bieten ihren Kunden daher die Möglichkeit, sich die Ware vorher anzuschauen und auszusuchen.

Natursteine werden aus Plattenware geschnitten, weisen daher kaum messbare Abweichungen in Längen- und Breitenmaßen auf. Natursteine können daher auch mit schmaleren, ca. 2 mm breiten, Fugen verlegt werden.

Vorbehandlung von Naturstein und Untergrund

Der Untergrund muss auch hier mit einer Grundierung entsprechend vorbehandelt werden, zusätzlich müssen Sie auch die Plattenrückseite behandeln. Entsprechende Mittel lassen Sie sich vom Händler empfehlen. Arbeiten Sie aus Gewährleistungsgründen grundsätzlich nur mit Produkten eines Herstellers. Darüber hinaus empfiehlt sich dringend, Untergrund, Wand oder Boden mit einer alternativen Abdichtung zu versehen. Bedingt durch die kapillare Struktur des Materials kann Feuchtigkeit (bei fehlender oder fehlerhafter Abdichtung) über einen sehr langen Zeitraum an die Oberfläche des Natursteins wandern und so zu lang anhaltender Fleckenbildung führen.

Natursteinkleber

Natursteinkleber sind üblicherweise weiß. Bei transparenten Materialien wird so ein Durchscheinen des Klebers und damit eine Farbveränderung vermieden. Die Kleber werden schnell hart. Rühren Sie deshalb nie mehr Kleber an, als Sie in ca. 20 Minuten verarbeiten können (Herstellerangaben beachten). Halten Sie die Fugen unbedingt frei von Kleber. Bei zu geringer Abdeckung durch Fugmaterial wird die Fuge fleckig.

Auf den Boden Fliesenkleber, auf die Rückseite des Natursteins Marmorkleber oder Haftemulsion auftragen.

Auf schmale Fugen und auf gleichmäßige Ausrichtung der Maserung achten.

Verfugen

Besondere Sorgfalt sollten Sie beim Verfugen walten lassen. Die Fugmaterialien sind meistens schnell härtend.

Verfugen Sie immer nur kleine Flächen zügig in einem Stück. Anhaftendes Fugmaterial muss schnellstmöglich entfernt werden, sonst führt es zu Veränderungen der Natursteinoberfläche. Die Oberflächen von Natursteinen sind empfindlicher als die von Fliesen.

Die Fläche abwaschen ...

Geeignetes Fugenmaterial anrühren und in die Fugen einarbeiten.

... und dann gut trocken abwischen.

So kann das Ergebnis dann aussehen.

Sicherheits- und Pflegehinweise

Die Hinweise, die hier angeführt sind, gelten sowohl dem Schutz Ihrer Gesundheit wie auch dem Schutz des Fliesenbelages.

Sicherheitshinweise

Damit Ihnen die Arbeit einerseits Freude bereitet und andererseits nicht zu körperlichen Beeinträchtigungen führt, sollten Sie dieses Kapitel aufmerksam lesen. Zuallererst gilt es immer, den persönlichen Schutz zu berücksichtigen. Benutzen Sie daher immer die passende Schutzkleidung:

Dazu gehören:

Knieschoner
Staubschutzmaske
Schutzbrille
Handschuhe

Knieschoner schützen vor Verletzungen durch Steinschrotten auf dem Boden. Außerdem verhindern sie, dass Kälte oder Feuchtigkeit in die Kniegelenke eindringt. Staubschutzmasken verhindern, dass Sie Staub einatmen, wie er z. B. beim Anrühren von Fliesenkleber oder Fugmaterial entsteht. Die Schutzbrille ist notwendig, wenn Sie Fliesen bearbeiten.

Gerade beim Fliesenlochen, -auskneifen oder -schneiden, können kleine Fliesenteile abplatzen und in die Augen gelangen.
Zu Ihrer Ausrüstung sollten Gummihandschuhe und Spaltlederhandschuhe gehören. Gummihandschuhe verhindern den direkten Hautkontakt mit zementgebundenen Produkten. Spaltlederhandschuhe schützen die Hände bei groben Arbeiten.

Geräte und Werkzeugsicherheit

Für Ihr Handwerkszeug gilt immer: Überprüfen Sie, ob es auch für einen Einsatz geeignet ist, und das immer, bevor Sie damit zu arbeiten beginnen. So mancher Hammerkopf ist weggeflogen, nur weil der Stiel trocken oder nicht richtig befestigt war. Reinigen Sie ihre Werkzeuge auch während der Arbeit. Flexkleber haben die unangenehme Eigenschaft, auch an Kellen und Quirl sehr gut zu haften.
Sollten Sie Elektrowerkzeuge einsetzen, so beachten Sie unbedingt die Sicherheitshinweise der Hersteller. Dazu zählt auch, dass Sicherheitseinrichtungen nicht entfernt werden dürfen. Wasser soll nicht unmittelbar neben elektrischen Werkzeugen stehen. Sofern Sie eine Kabeltrommel einsetzen, sollte diese ganz entrollt werden. Ansonsten besteht Brandgefahr. Überprüfen Sie den äußeren Zustand der Elektrowerkzeuge immer auf Unversehrtheit (z. B. Kabelbrüche) besonders

dann, wenn auch andere auf der Baustelle mit den Geräten arbeiten. Besonders beim Einsatz von Winkelschleifern sollten Sie an die Gefahren durch Funkenflug, sowohl für den Menschen wie auch das Material, denken.
Bei Arbeiten in größerer Höhe benötigen Sie ein Gerüst. Vermeiden Sie Provisorien! Diese können lebensgefährlich sein.

Pflegehinweise

Haben Sie die Verfugung so ausgeführt, dass jeglicher Zementschleier entfernt ist, können Sie auf chemische Reinigungsmittel verzichten. Greifen Sie hierfür auf bewährte Hausmittel zurück: Schmierseife und Wasser. Versagen diese, müssen Sie mit Zementschleierentferner arbeiten. Jede Säure (auch umweltverträgliche) greift die Fuge an. Wässern Sie den Belag vorher, damit die Belastung für die Fuge minimiert wird. Nach dem Reinigungsprozess den Fliesenbelag mit viel Wasser wischen, damit alle Reste der Säure neutralisiert werden. Bei unglasierten Fliesen geben die Hersteller oft Reinigungs- und Pflegehinweise an. Achten Sie darauf, ob ein Erstschutz vor oder nach der Verfugung erfolgen soll. Für die Reinigung von Boden- und Wandfliesen werden keine besonderen Reinigungsmittel benötigt. Normale Haushaltsreiniger reichen aus. Vermeiden Sie grundsätzlich scharfe Reinigungsmittel. Die Fliese übersteht es, die Fuge jedoch nicht.

Register

Bildnachweis

Herb Allgaier: 4, 9u
Ariostea S.p.A. (I): 4/5, 33, 46, 47
Archiv des Autors: 40, 48, 53
Robert Bosch GmbH: 8om, 9, 57
Henkel KGaA: 5, 6r, 7, 8, 10, 11lu, 12, 19lm, 21, 22, 23, 24, 25, 26, 27–31, 35,
39, 44, 45, 50, 51, 52, 54, 56, 58, 59–61
Knauf Bauprodukte GmbH: 11lu/lm/o, 13mo/lo, 14u, 15, 17, 34, 49,
Martin Schulze, Berlin (Illustrationen): 18l, 19, 24, 26, 36, 37, 38, 41–43,
50, 55
Steuler Fliesen GmbH: 2, 6l, 13u, 14or, 16, 18ur, 20, 32, 37, 63
Umschlagbild: Archiv des Autors

Bibliografische Information Der Deutschen Bibliothek
Die Deutsche Bibliothek verzeichnet diese Publikation in der Deutschen
Nationalbibliografie; detaillierte bibliografische Daten sind im Internet über
http://dnb.ddb.de abrufbar.
ISBN 3-332-01420-X

www.dornier-verlage.de
www.urania-verlag.de
1. Auflage März 2003
© 2003 Urania Verlag, Berlin
Der Urania Verlag ist ein Unternehmen der Verlagsgruppe Dornier.
Alle Rechte vorbehalten
Umschlaggestaltung: Behrend und Buchholz, Hamburg
Gestaltung und Layout: Berliner Buchwerkstatt, Ulrike Sindlinger
Lektorat: Berliner Buchwerkstatt, Vera Olbricht
Gesamtherstellung: Urania Verlag, Berlin
Printed in Italy

Gedruckt auf alterungsbeständigem Papier mit chlorfrei gebleichtem Zellstoff.

Die Schreibweise entspricht den Regeln der neuen Rechtschreibung.